Claire Ly

Revenue de l'enfer

Quatre ans dans les camps des khmers rouges

Les Editions Ouvrières
12 avenue Sœur Rosalie
75013 Paris

*À
André, Laurent,
Marie et Pierre.*

Préface
par Dennis Gira[*]

C'est avec beaucoup d'hésitation que j'ai accepté d'écrire ces quelques mots en préface du livre passionnant de Claire Ly. L'expérience bouleversante de cette jeune femme cambodgienne cultivée – fille de notable, enseignante, épouse et mère – qui a subi, avec sa famille et tant de ses compatriotes, les horreurs de la révolution khmère rouge, parle d'elle-même. Comment pourrait-on ajouter au récit de cet itinéraire par lequel l'auteur est passé – non sans perdre presque tous ceux qui comptaient le plus pour elle – de l'enfer à la liberté, de la haine née de la souffrance à un véritable amour, de l'Extrême-Orient à l'Occident (la France) et du bouddhisme au christianisme ? Il m'a semblé évident, dès la première lecture du manuscrit, que l'histoire de Claire Ly invitait avant tout à un silence respectueux, surtout de la part de quelqu'un qui n'avait jamais connu la souffrance qu'elle avait vécue.

---

[*] Directeur adjoint de l'Institut de sciences et de théologie des religions à l'Institut catholique de Paris. Rédacteur en chef de la revue *Questions actuelles*.

Si finalement j'ai répondu positivement à la demande de l'éditeur, c'est pour donner quelques pistes de réflexion afin que soit mieux compris un aspect de cet itinéraire qui peut étonner en France : le passage du bouddhisme au christianisme (et plus précisément au catholicisme). En effet, en « accompagnant » l'auteur page après page, les lecteurs pourront être quelque peu désorientés par certains propos concernant le bouddhisme – des propos qui ne vont pas du tout dans le sens des images que l'on diffuse habituellement en Occident. Et si ces lecteurs sont bouddhistes, ils ne se retrouveront sans aucun doute pas du tout dans la description du bouddhisme qui est faite dans le livre. Comment alors éviter les malentendus éventuels ?

Tout d'abord, je soulignerai que, d'un bout à l'autre, ce livre témoigne d'une expérience que l'on ne peut que qualifier d'« extrême ». Il ne s'agit ni d'un essai sur la rencontre entre le bouddhisme et le christianisme ni, bien évidemment, d'une étude comparative de ces deux traditions. Pour comprendre la transformation dont l'auteur nous fait le récit, l'important n'est pas de comprendre ce qu'est le bouddhisme – les ouvrages qui expliquent cette tradition avec sympathie et objectivité ne manquent pas – mais de voir ce qu'était le bouddhisme pour elle, dans les circonstances très concrètes de sa vie. Au fond, c'est un peu comme écouter le témoignage d'un Français passé du catholicisme au bouddhisme. Lorsque ce converti explique comment le bouddhisme a pu l'aider à surmonter des difficultés personnelles liées à son expérience très négative d'une Église qu'il juge culpabilisante ou à une idée finalement terrifiante de Dieu, il ne parle que de son expérience du christianisme. Paradoxalement, il peut même dire parfois aussi son attachement à cette Église vis-à-vis de laquelle il prend de la distance, ou son attachement du moins à Jésus-Christ. Or, si l'on veut comprendre son itinéraire, l'accueil de son expérience est tout à fait indispensable. La même attitude permettra au lecteur de mieux entrer dans l'expérience de Claire Ly.

Ensuite, je crois qu'il est important d'accepter le fait que le bouddhisme que l'on découvre en France est parfois très différent du bouddhisme tel qu'il est vécu dans des pays où il est la tradition principale. Là où le bouddhisme est installé depuis des siècles, voire des millénaires, on trouve côte à côte la pureté de la doctrine, vécue par des bouddhistes extrêmement bien formés, et des formes de bouddhisme populaire totalement inconnues en Occident. Dans ce livre, Claire Ly parle essentiellement de ce bouddhisme populaire, avec tout ce que cela implique du point de vue de la pratique et du discours religieux. Bref, il ne faut pas s'étonner que l'expérience qu'elle décrit ne corresponde pas à celle des grands maîtres qui viennent en Occident nous parler de leur tradition. Et pourtant ce bouddhisme populaire fait partie du bouddhisme. Il faut qu'en Europe, nous nous en rendions compte.

Enfin, je pense qu'il est nécessaire de dire un mot sur la violence infligée à Claire Ly par des personnes qui ont été élevées comme bouddhistes et qui se sont parfois appuyées sur des croyances bouddhiques pour manipuler le peuple. Une telle situation est quasiment incompréhensible en Occident tant le côté pacifiste et pacifiant du bouddhisme est mis en évidence. Le témoignage de l'auteur nous plonge dans un tout autre monde, un monde où le bouddhisme a connu un grand échec, semblable à celui que le christianisme a parfois connu en Occident. Dans certaines circonstances, ces deux traditions n'ont tout simplement pas pu juguler la violence qui habite le cœur de l'homme sur cette terre. Mais cela ne veut pas du tout dire que le bouddhisme ait été associé à cette violence. Cette tradition, comme le peuple cambodgien, en a été la victime. Ceux qui ont joué sur les croyances bouddhiques du peuple pour mieux les faire plier à leur exigences ne comprenaient rien au bouddhisme. Et le fait que de nombreuses personnes se soient laissé manipuler dans ces circonstances montre à quel point une foi peu soutenue par une vraie formation peut être fragile.

Claire Ly, à la différence de la vaste majorité de ses compatriotes, refusait d'être manipulée. Et dans ce refus, elle a découvert Dieu. Au début c'était « le Dieu des Occidentaux » et elle le détestait. Mais peu à peu, explique-t-elle, il lui est apparu clairement que ce Dieu était un Dieu d'amour, un Dieu qui pardonne, un Dieu qui fait vivre. Sa vie en a été transformée et de nouveaux horizons s'ouvrent devant elle. Le passage de l'enfer à la liberté et celui de la haine à l'amour ayant été accomplis, elle cherche maintenant à découvrir la richesse de sa nouvelle foi chrétienne, sans pour autant complètement oublier certains aspects de la sagesse bouddhique.

Cette très brève préface est déjà plus longue que je ne l'avais pensé. C'est le moment de revenir au silence respectueux dont je parlais plus haut – et de laisser le lecteur découvrir lui-même le témoignage de Claire Ly.

Introduction

Entre 1975 et 1979, le Cambodge a été la terre d'essai d'une idéologie radicale qui voulait instaurer une société nouvelle. Les révolutionnaires khmers rouges, fiers de leur victoire sur les États-Unis d'Amérique, entreprenaient alors la construction d'une société totalement autarcique, complètement purifiée de toute « subversion occidentale impérialiste ». L'ébauche de cette société nouvelle a fait selon les chiffres officiels deux millions de morts sur sept millions d'habitants, dans un petit pays du sud-est asiatique, le Cambodge.

Je me trouvais entraînée dans cette utopie meurtrière malgré moi. Professeur de philosophie en 1975 à Phnom-Penh, je devenais « camarade paysanne » de cette troupe de travailleurs, inconditionnels de Pol Pot. Ce changement de vie ne se faisait pas sans souffrance. J'ai vécu une remise en question profonde de tout ce qui était le sens de ma vie : elle m'a amenée à une conversion spirituelle...

Ce parcours spirituel, vécu dans la tornade meurtrière de la révolution khmère rouge, part d'une sagesse de « compassion » et passe par une révolte insoutenable, pour aboutir à la folie d'un Amour.

Ce livre reflète mon témoignage personnel, mon expérience de vie particulière. Il vous amènera sur mon chemin de vie qui, à un moment donné, a bifurqué du Nirvana vers la Résurrection.

Bouddhiste convertie à la foi chrétienne à l'âge de trente-sept ans, je voudrais témoigner d'un chemin de rencontre : la rencontre d'une « sagesse bouddhique », vécue selon la voie du milieu et enseignée par Sâkyamuni, le Bouddha, avec « L'Amour fou » d'un Dieu qui vient me rejoindre dans le « désert » du génocide de Pol Pot.

Ce livre ne relate pas les atrocités du génocide khmer, il décrit comment Dieu s'est révélé à moi, à travers les événements tragiques de ma vie. Il ne se permet pas d'établir un jugement de valeur entre le bouddhisme et le christianisme : il montre simplement de quelle manière j'aborde la foi chrétienne « avec » mes acquis bouddhiques et non en négation de ceux-ci...

Le bouddhisme khmer évoqué ici est un bouddhisme populaire, loin « des enseignements purifiés » des grands maîtres spirituels... Réputé être une religion sans dogme, le bouddhisme « épouse » facilement les croyances et les mœurs du pays d'accueil. Au Cambodge, le bouddhisme Thérévada[1] a intégré sans aucune difficulté doctrinale, le culte des esprits et le panthéon brahmanique. Un Khmer est bouddhiste animiste qui fait des offrandes indifféremment aux moines et aux génies de la terre.

Tout le long de ce témoignage, mes « confrontations » entre les acquis bouddhiques légués par ma culture d'origine et ma volonté d'exister comme une personne libre seront ardues.

---

1. « Thérévada » signifie « ancien ». Le bouddhisme Thérévada est considéré comme la branche la plus proche des enseignements du Bouddha.

C'est un débat intérieur intense qui m'amène à vivre une cohérence complètement différente de celle du Bouddha. Mais je ne considère pas pour autant que l'enseignement de ce dernier ait fait « faillite ». Certains Cambodgiens le pensent parce que Bouddha n'a pas su « protéger » leur pays contre le génocide khmer rouge !... Le Bouddha Sâkyamuni reste pour moi le sage qui a montré le chemin de libération du cycle des morts et des naissances à une partie de l'humanité. Son enseignement a façonné le paysage culturel de l'Asie ; il reste à mes yeux d'une sagesse très élevée et très actuelle.

I
L'ordre des soldats noirs

24 avril 1975, sept heures du matin. La ville de Battambang[1] grouille de monde. Les rues sont envahies d'une foule hagarde qui circule en tous sens, évoquant une fourmilière chamboulée. Ordre a été donné à chacun de quitter sa maison... Les raisons en sont fort contradictoires : les uns prétendent que c'est pour permettre aux nouveaux « maîtres » une fouille systématique à la recherche d'armes cachées, les autres disent qu'un bombardement américain est imminent et qu'il faut s'en aller au plus vite...

Je reste là, plantée devant le portail de la scierie de mes parents, indécise, tenant par la main mon fils de trois ans tel une bouée de sauvetage. Il représente pour moi la seule personne qui n'a pas vraiment changé depuis le 17 avril, jour de la victoire des « hommes noirs », surnom donné aux soldats de la révolution khmère à cause de leur uniforme noir.

---

1. Battambang : province frontalière entre le Cambodge et la Thaïlande, située au nord-ouest de Phnom-Penh, qualifiée de « grenier à riz » du pays.

Hier, mon père, mon oncle, et mon mari ont été convoqués, pour aller à Phnom-Penh accueillir Samdech Auv, le Prince Papa, en khmer. Mon père fait partie des inconditionnels du Prince Norodom Sihanouk[2]. Il n'ignore pas que le Prince est un allié des khmers rouges, mais il croit dans le rôle divin de Sihanouk et dans son « génie politique » : le Prince Papa transformera la victoire des communistes khmers en victoire de la royauté. Propriétaire d'une scierie et d'une menuiserie les plus modernes de la province de Battambang, premier exportateur de bois de luxe du Cambodge, mon père incarne un statut social très respectable dans cette province. Il est ainsi classé parmi les notables les plus connus...

Mon oncle est maire de Svay-Por, la commune centrale de Battambang-ville. Mon mari est directeur d'une agence bancaire à Phnom-Penh. Quant à moi, je travaille au ministère de l'Éducation nationale en tant que directrice technique de l'Institut National de Khmérisation, après avoir enseigné la philosophie pendant quatre ans dans un des lycées de la capitale.

« Tous les enseignants sont invités à aller se rassembler à l'Université Technique de Battambang, afin de recevoir des directives du camarade chef du district. »

L'invitation est diffusée par une Jeep de l'armée révolutionnaire qui sillonne les rues.

Je décide de me rendre à cette réunion. Mon frère aîné, député de Battambang, a trouvé cette invitation stupide. Selon lui, le moment n'est pas aux discussions stériles mais à la fuite

---

2. Nommé roi du Cambodge par le protectorat français en 1941, Norodom Sihanouk abdique en 1960 en faveur de son père Norodom Suramarit. Il crée alors son parti politique et à la mort de son père il se donne les pouvoirs de chef de l'État du Cambodge. Destitué par le coup d'État en 1970 lors de son voyage en France, il s'allie avec les communistes khmers, jusqu'ici ses pires ennemis, pour combattre le régime républicain de Lon Nol qu'il qualifie de « traître à la solde des Américains ».

vers la frontière thaïlandaise. Au fond, je lui donne raison, mais je n'ai vraiment pas le courage de quitter mon pays sans mon mari et nous n'avons aucune nouvelle de son voyage à Phnom-Penh... Ma mère, non plus, ne veut pas partir sans mon père.

Pour nous rendre à l'Université Technique, située à l'autre extrémité de la ville, il nous faut presque une heure, tant la route est encombrée par des engins de toutes sortes. J'y vais accompagnée par l'un des plus vieux collaborateurs de papa, tonton Yim. En ville, le désordre est inimaginable et les « soldats noirs » ne cessent de tirer en l'air pour s'amuser. Il n'est vraiment pas sécurisant pour une femme de circuler seule.

L'amphithéâtre de l'Université Technique est bondé de monde. Je reconnais quelques collègues.

Nous écoutons le camarade chef du district faire l'éloge de la révolution khmère : une grande révolution n'ayant d'égale que la Révolution Rouge de la Chine ; elle doit apporter au peuple khmer fierté et puissance comme à l'époque d'Angkor.

Eh oui ! les choses commencent vraiment très bien : la prétendue grande révolution khmère ne fait que poursuivre la tradition démagogue de tous les partis politiques du Cambodge. Elle continue à jouer avec la nostalgie du peuple khmer, qui, depuis des siècles, n'arrive pas à surmonter le fait d'être réduit à un tout petit pays du sud-est asiatique alors que vers le XIIe siècle il a régné sur le Vietnam, la Thaïlande et le Laos. Depuis Sihanouk jusqu'à Lon Nol, depuis le régime royaliste jusqu'à la république khmère, quand les chefs veulent galvaniser la fierté nationale, ils nous parlent de nos ancêtres, bâtisseurs d'Angkor, la fabuleuse ville peuplée des temples merveilleux qui ont impressionné le monde entier. Je trouve que le premier discours de la révolution qui a mis à genoux l'impérialisme américain, est bien fade, sans aucun intérêt.

Au bout d'une heure de discours creux, jalonné de multiples « Vive Angkar[3] ! », le camarade chef en arrive enfin aux faits qui nous concernent tous : la décision de l'Angkar qui demande à tous et à chacun de quitter la ville. Nous devons tous obéir à cet ordre, et cela, dans l'heure qui suit, car la vengeance des États-Unis[4] ne tardera pas à s'exprimer : ils vont bombarder toutes les villes du Cambodge.

Dans l'auditoire beaucoup de personnes interviennent pour protester contre l'absurdité d'une telle hypothèse. Le camarade chef nous répond que nous ne devons pas mettre en doute ni discuter la décision de l'Angkar : il a conduit le pays à la victoire, par conséquent, il ne peut se tromper.

Le camarade chef termine en nous persuadant de tout quitter, comme Preah[5] Vésandor :

« Camarades, je vous en prie, je ne peux rien vous dire de plus que de vous demander de quitter tout, comme Preah Vésandor a quitté son royaume. La séance est levée... »

L'évocation du nom de Preah Vésandor, une des réincarnations antérieures du Bouddha Sâkyamuni, est si grotesque dans la bouche du camarade révolutionnaire que j'aurais volontiers éclaté de rire si je n'avais pas senti dans ces derniers mots une sincérité pathétique.

---

3. Angkar veut dire littéralement « organisation ». Les communistes khmers rouges ont choisi ce mot pour désigner leur gouvernement.
4. Les États-Unis viennent de se désengager de la guerre du Vietnam (avril 1975). Les habitants de Phnom-Penh se rappellent encore du jour où ils ont évacué leur ambassade ; les Cambodgiens de la capitale khmère ont vécu ce « départ » comme une trahison. D'autant plus le gouvernement américain n'hésite pas à soutenir les khmers rouges dans leur conflit avec les Vietnamiens ; Washington pense sans doute que ce qui se passe à l'intérieur du pays ne le regarde pas, il est satisfait que Pol Pot donne du fil à retordre aux Vietnamiens, mais cela, nous l'ignorions.
5. Preah signifie le Saint dans la langue khmère.

Tonton Yim sur les talons, je quitte donc l'Université Technique en pensant à Preah Vésandor.

« Il faut quitter la ville comme Preah Vésandor ». Cette phrase du camarade chef va m'accompagner pendant les premiers mois de mon exode, comme une lancinante litanie.

Selon la tradition bouddhique khmère Preah Vésandor était le roi puissant d'un royaume très prospère, car il possédait un éléphant magique qui procurait richesse et abondance. Il était la dernière réincarnation antérieure de Siddharta Gautama, le prince qui a trouvé l'Éveil et qui a enseigné la Voie du Milieu : le bouddha Sâkyamuni. Preah Vésandor représente pour les bouddhistes khmers un modèle de détachement suprême et de compassion totale : il est celui qui est parvenu à se libérer de tous les liens terrestres, pouvoir, richesse, attachements affectifs.

Devant la misère d'un peuple voisin, Preah Vésandor lui avait fait don de l'éléphant magique. Ce geste avait provoqué la colère de son peuple qui l'avait chassé de son trône. Il était donc parti vivre en ermite avec sa femme Métri et ses deux enfants. Dans sa recherche d'un détachement total de tout désir, car le désir emprisonne l'homme dans le Samsara, Preah Vésandor avait même donné en aumône sa femme et ses deux enfants. Il était devenu celui qui se plaçait au-dessus de toute illusion y compris l'illusion du bonheur conjugal ou paternel.

Selon l'enseignement du Bouddha tout désir, tout attachement sont des signes d'une ignorance profonde de l'homme. Ce dernier prend ce qui est par nature illusoire comme des vérités permanentes. Il construit ainsi sa propre prison : le Samsara. C'est une loi cyclique sans commencement ni fin qui enferme l'être vivant dans le cycle de naissance, de mort, de renaissance. Ce Samsara, cette prison est effrayante pour tout bouddhiste. Bouddha est le médecin qui va guérir l'homme de toute illusion, qui va le sortir de l'ignorance et le libère ainsi du Samsara…

À moi maintenant de le prendre comme modèle... Je me disais que cela ne devrait pas être trop difficile car, comme Preah Vésandor, je n'ai pas le choix. Comme ce sage, on me chasse de ma maison, de ma ville. Dans son exil forcé, ce sage a vécu comme un Arhat, celui qui tue tout désir, celui qui chasse toute illusion...

Arriverais-je comme lui à faire taire en moi tous les désirs d'une femme de trente ans ? Arriverais-je à dissiper toutes les illusions qui m'ont aidé à vivre heureuse jusqu'à ce jour ? Ceci est une autre affaire...

Malgré mon respect envers ce saint bouddhique, sa vie me posait quelques problèmes, dans mes cours de philosophie, j'avais demandé à mes élèves de soulever deux questions :

— Preah Vésandor avait-il vraiment le droit de bafouer son peuple en le privant de l'éléphant magique ?

— Preah Vésandor pouvait-il vraiment disposer de la personne de sa femme et de ses enfants en les donnant comme esclaves à un mendiant, sans même demander leur avis ?

À moi, maintenant, de jouer ce jeu : quitter la ville pour chercher une sagesse de vie ? ou abandonner mon mari à son sort pour essayer de sauver ma peau ?...

Arrivée à la maison de mes parents, je réalise soudain que je n'ai pas que ma propre peau à sauver. Il y a aussi celle de mon fils, de ma mère, de ma sœur, de mon petit frère... Cela fait vraiment beaucoup de monde à sauver... et je ne sens en moi aucune disposition à devenir un Arhat ou un Bodhisattva, celui qui n'hésite pas à donner son corps à manger à une lionne affamée ! Mais le temps n'est plus aux considérations philosophiques. Mon frère aîné est déjà en route avec sa famille. Il faut partir maintenant. Tonton Yim se propose de nous accompagner jusqu'à la frontière thaïlandaise...

Le temps de mettre le peu d'essence dans la voiture que j'ai pu trouver, nous voilà partis comme Preah Vésandor sans espoir de retour. Vers quel horizon ?

Inutile de se poser la question. Les révolutionnaires sont là pour nous l'indiquer...

Un Arhat ou un Bodhisattva ne s'inquiète guère de ce qui peut lui arriver car rien n'est permanent dans cette vie...Tout n'est qu'illusion... Il nous faut garder le calme d'un Bodhisattva...

II

Fuir vers Bangkok

24 avril 1975 à 13 heures, je suis sur la route nationale Battambang-Poipet (commune frontalière avec la Thaïlande). Poipet se trouve à une centaine de kilomètres de Battambang ville.

Au volant de la DS de papa, je me fraie un chemin sur une route encombrée par des engins très divers : voitures, camions, tracteurs, cyclomoteurs, vélos, charrettes, bref tout ce qui peut rouler, et des piétons chargés de baluchons...

Nous avançons au pas ; tonton Yim à ma droite, ma mère, ma sœur, mon petit frère et mon fils à l'arrière. Sous le soleil de plomb du mois d'avril, au sein de cette foule bizarre, je fais l'expérience de la première des quatre nobles vérités enseignées par Bouddha : tout est souffrance...

La souffrance est là, sourde, muette, dans nos cœurs, sur les visages, elle coule et submerge cette populace, moi-même, mon fils et même la voiture... qui ne s'arrête pas de toussoter.

Je pense à tonton Yim qui n'hésite pas à laisser les siens, ses trois femmes et ses enfants pour nous accompagner. Il pense qu'une fille gâtée, de famille bourgeoise, telle que moi, aura besoin de son aide bien plus que ses épouses, issues de milieu populaire.

« Merci mille fois d'être là !... » lui dis-je.

« Tu me remercieras quand tu auras quitté cette terre de souffrance, tu m'enverras une lettre de France ou de n'importe où... » me répond-il, tout en fixant la route...

Nous sommes stoppés souvent, très souvent, pour des fouilles : les camarades de la forêt me regardent avec surprise. En effet, au Cambodge une femme au volant d'une voiture, est encore une exception.

« Ne parle surtout pas, laisse-moi répondre à ta place. » me chuchote tonton Yim, chaque fois que nous sommes arrêtés par une patrouille.

Vivant presque tout le temps dans la forêt, il est le chef des exploitations forestières de papa, habitué à commander les hommes de la montagne de la région de Samlot, il a l'accent et le parler des khmers rouges, dont la plupart viennent de cette région. Grâce à lui, les camarades ne nous fouillent pas, ils se contentent de jeter un coup d'œil dans la voiture, pour la forme. La personne de tonton Yim nous cautionne aux yeux de ces révolutionnaires de la forêt.

Vers 17 heures, nous arrivons à Thmor Kol, un petit bourg se situant à une vingtaine de kilomètres de Battambang-ville. L'arrêt est beaucoup plus long. J'en profite pour sortir de la voiture afin de goûter un peu la fraîcheur de la nuit qui tombe très vite sur cette partie de la planète. À une vingtaine de mètres devant, trois soldats noirs tirent un homme d'une voiture et l'abattent d'un coup de fusil sur la chaussée ; le corps est traîné ensuite sur le trottoir d'en face. Terrassée par la fatigue, je n'ai pas réalisé immédiatement l'atrocité de la scène.

C'est seulement quand ma voiture arrive à la hauteur du cadavre que l'horreur s'impose à moi, dans toute sa brutalité. Je reconnais la victime, c'était le propriétaire d'une pharmacie à Battambang-ville, un copain de mon grand frère. C'est vraiment absurde, ce corps qui gît, là, dans une flaque de sang, au bord d'une route où passent des milliers de gens entraînés par ce fleuve tranquille de souffrance. Il m'a semblé un instant qu'il bougeait encore. Tonton Yim me conseille de ne pas trop regarder ce corps gisant dans son sang, de peur que les camarades, qui se pavanent à côté, ne s'en prennent à nous. J'observe mon fils Thira, il se tient debout derrière moi, il ne dit rien, mais ses yeux semblent se voiler. A-t-il compris ce qui vient de se passer ?...

La nuit arrive avec une rapidité qui caractérise l'Asie. Nous décidons de faire halte à Thmor Kol. Tonton Yim connaît une famille qui accepte de nous héberger.

Je suis en train de chercher des couvertures dans le coffre de la voiture quand un Français s'avance vers moi :

« – Bonjour, vous êtes de la famille de Monsieur Ky, j'ai reconnu sa voiture.

– Je suis sa fille, Monsieur.

– Votre père n'est pas avec vous ?

– Non il est parti hier à Phnom-Penh.

– Quelle sottise ! Oh ! pardon, je crains beaucoup pour sa sécurité. Et vous, où pensez-vous donc aller ?

– Je ne sais pas. Aucune destination, je fais comme tout le monde, je pars.

– Si vous ne savez pas où aller, vous pouvez venir avec nous. La mission a une propriété à Chomnom où nous pouvons nous recycler dans la rizière. »

Je regarde vers sa voiture, c'est une Land Rover. Il me semble y voir deux femmes. Je n'ai pas eu le temps de répondre à l'invitation de ce Monsieur, car tonton Yim me reproche courroucé :

« – Tu n'es pas raisonnable de parler avec un Français, tu te fais déjà assez remarquer en conduisant la voiture, tu n'as pas besoin de montrer aux autres que tu as été à l'école... »

J'ai appris plus tard que mon interlocuteur était un missionnaire de l'Église catholique.

Notre hôtesse nous sert un repas très simple. Elle me conseille de me faire couper les cheveux ; les camarades n'aiment pas les femmes aux cheveux longs, c'est anti-révolutionnaire. Sans attendre ma réponse, elle est allée chercher une paire de ciseaux et se met à sa tâche de coiffeuse improvisée.

« – M'an, tu es affreuse avec tes cheveux courts, papa ne va plus te reconnaître, » se lamente Thira en pleurant à chaudes larmes.

Vraiment, ce petit bonhomme m'a surprise. Toute la journée, il n'avait rien dit. Il suffit que je change de coiffure pour le mettre dans un état de tristesse à fendre l'âme.

Je n'arrive pas à fermer les yeux cette nuit. Thira s'est endormi dans mes bras. Je suis allée le déposer sous la moustiquaire. Je reste là à écouter le silence de la nuit. C'est une nuit calme en apparence, avec un clair de lune apaisant. Pourtant c'est une nuit de désordre pour tous les habitants de Battambang. Nous avons quitté notre maison ce matin, sans espoir de retour, sans aucun but. Nous nous laissons entraîner par ce cycle de Samsara, cet ordre des choses qui dépasse l'entendement humain.

Je me demande où peuvent se trouver mon mari et mon père, eux qui comme moi, aiment beaucoup ce silence de la nuit éclairée, par la lumière blafarde de la lune. Je me sens alors écrasée par le poids de la souffrance, une souffrance non pas physique, mais une souffrance sourde qui serre tout mon être...

« Voici, ô moines, la noble vérité sur la souffrance. La naissance est souffrance, la mort est souffrance, être uni à ce que l'on n'aime pas est souffrance, être séparé de ce que l'on aime est souffrance, ne pas avoir ce que l'on désire est souffrance... » (Enseignement du Bouddha)

Partir sans but est souffrance...

À cinq heures du matin, au premier chant du coq, nous reprenons la route. La file de voiture avance doucement, doucement...

« Si cela continue, nous allons mettre un mois à atteindre la frontière » marmonne tonton Yim. Ma mère invoque Bouddha et tous les esprits possibles pour qu'ils viennent à notre aide.

« Tu es bien silencieuse, ma fille » remarque encore tonton Yim.

Je le regarde sans trouver à lui répondre, il me semble que mon esprit se vide de tout. Je ne me sens plus capable de penser. Je suis hébétée, oui hébétée...

Le soleil, qui recommence à briller de tout son éclat, fait retentir en moi la même phrase, toujours la même : « Il faut partir comme Préah Vésandor, le Bodhisattva ».

Dans une torpeur peuplée de cris, de questionnements, le cortège de voitures, long serpent, rampe doucement. Tout à coup, il quitte la route asphaltée pour continuer, cahin caha, dans la rizière. La cause ? Trois gamins noirs dans le souci de préserver nos vies, nous demandent de quitter la nationale qui va être bombardée par l'aviation américaine.

– Ils sont c…, vraiment c…, chuchote tonton Yim.

– Les Yankees ou les gamins ? lui demandai-je.

– Les deux, me répond-il laconiquement.

Nous bifurquons vers la gauche pour emprunter une route de charrette à bœuf. Quelle surprise de rencontrer là mon grand frère, avec toute sa belle famille.

« Te voilà enfin », m'accueille-t-il avec un cri de soulagement. Il devait avoir un peu de remords d'être parti sans sa petite sœur ; mais cela ne l'empêche pas de me faire des reproches.

« Tu te conduis comme une gamine capricieuse qui ne se décide qu'au dernier moment. »

Devant mon silence, il a l'air de reprendre un peu ses esprits.

Depuis vingt-quatre heures, je n'ai plus aucune envie de parler, j'ai la gorge sèche de soif et d'angoisse. Je n'ose pas boire, car nous ne disposons que de trois litres d'eau pour six personnes. Comme convenu tonton Yim répond à ma place :

« C'est bon, nous n'avons qu'à suivre ce chemin, il nous mène à Rohat Tuk et de là nous pourrons reprendre la nationale entre Mongkol Borey et Sisophon. ».

Nous arrivons à Rohat Tuk avec le coucher du soleil. Je ne sais pas combien de kilomètres nous avons parcouru ainsi. Tout me semble irréel. Voilà l'illusion qui commence. Une seule personne reste encore réelle, c'est mon fils Thira ; il devient aussi silencieux que moi, sur ce chemin sans fin, encombré de mottes de terre.

À Rohat Tuk, nous nous arrêtons dans une rizerie désertée par son propriétaire. Les femmes s'affairent à préparer le repas tout en se lamentant. Mon grand frère a découvert une sorte d'herbe sauvage, dont le jus est délicieux avec un peu de sucre. Il ne semble pas très inquiet, il pense que dans deux jours, au plus tard, il sera arrivé à Bangkok... Je suis beaucoup moins optimiste que lui, je ne peux m'empêcher de penser à tous ceux qui sont partis à Phnom-Penh, pour recevoir le prince Sihanouk.

Vers 9 heures du soir, arrivent deux jeeps. Ce sont les dix employés de mon père venant de Poipet. Leur récit nous plonge dans une grande inquiétude : les soldats khmers rouges ont quadrillé la frontière, il est impossible de passer en Thaïlande. Eux vont rentrer à Battambang-ville pour retrouver leur famille. Je suis arrivée à décider tonton Yim à retourner vers les siens. Je lui ai promis que je ne bougerai pas de Rohat Tuk ; j'attendrai dans ce petit village les nouvelles de mon mari et de mon père.

À 23 heures, un grand concert de klaxon nous tire de notre somnolence. Trois camarades sont là pour nous demander de leur remettre les clefs des voitures, nous n'avons plus le droit de les utiliser. Elles sont classées « biens de l'Angkar ». Oui, elles furent ainsi confisquées...

Mon grand frère et sa famille décident de continuer leur chemin à pied.

Sur l'invitation d'une cousine lointaine de mon père, ma mère, ma sœur, mon petit frère, mon fils et moi, décidons de rester à Rohat Tuk.

La longue caravane de mon grand frère part au lever du jour : lui, sa femme et ses trois enfants, la belle-mère, la belle-sœur et ses deux enfants, les quatre beaux-frères.

– Nous attendons papa, n'est-ce pas, m'an, me demande Thira avec sa petite voix.

– Oui, mon chéri, nous attendons papa.

Vers 14 heures, la cousine nous apprend avec désolation que l'Angkar ne nous permet pas de rester chez elle, car le nombre des habitants a déjà atteint le quota exigé... Inutile de dire l'effet néfaste de cette annonce sur notre moral, déjà bien bas... Nous restons là tous les cinq indécis, ma mère ne sachant plus vers quel génie se tourner. « Bouddha est bien loin de nous » se lamente-t-elle ; je lui dis que, de toute façon, Bouddha ne peut rien faire, c'est à nous de nous prendre en main. Comment ? Voilà la grande question...

« Faut-il essayer de rattraper mon frère aîné ? » Nous sommes toujours là, en train de nous demander quelle décision prendre, quand un cousin arrive. Sa mère l'envoie nous inviter à venir nous installer avec elle, à quelques kilomètres de Rohat Tùk, dans un terrain vague.

– Tu vois bien que Bouddha a entendu ma prière, insiste ma mère.

– Je te répète, maman, que Bouddha ne peut rien. Si tu veux, c'est peut-être le génie du coin qui t'a envoyé Sun Yat, le cousin.

En tant que bouddhiste de la tradition Thérévada, la façon dont les gens adressent des demandes à Bouddha et en attendent la réalisation m'a toujours agacée. Pour moi cela relève plutôt de la superstition que des enseignements du Bouddha. Ce dernier n'a-t-il pas dit que l'homme ne peut avoir d'autres refuges que lui-même.

« Après ma mort soyez vous-même votre propre refuge, ne comptez sur personne d'autre que vous-même. »

Pour rejoindre ma tante, nous marchons péniblement dans les rizières brûlées par la chaleur, en emportant avec nous le peu de biens sortis de notre voiture, désormais « bien de l'Angkar ».

Marcher dans les rizières asséchées du mois d'avril n'est pas une mince affaire. Nos chaussures légères de ville n'y sont pas adaptées. Elles sont devenues très vite inutilisables : pas d'autre solution que de marcher pieds nus.

Il suffit de quelques minutes de marche sur ces mottes de terre durcies par le soleil pour que nos pieds soient en sang. Nous ne sommes pas du tout préparés à un tel effort physique. Les bourgeois du Cambodge ne pratiquent pas la marche à pied...

III

Mon fils devant le charnier

La famille de ma tante se compose de cinq personnes : elle, son mari, son fils Sun Yat, ses deux filles Sara et Sareth. Ils ont construit un abri avec des bambous et de la paille en plein milieu de la rizière, au pied d'un petit arbre chétif. Cet endroit-là est vraiment un désert, loin de toute agglomération, sans aucun point d'eau. La vie promet d'être dure dans ce camp de fortune ! C'est peut-être l'endroit rêvé pour nous guérir de toute illusion, et nous permettre ainsi d'entrevoir le chemin du Bodhisattva, celui qui est au-delà de toute illusion. Mais ici, au moins, personne n'est indésirable, il n'y a pas de quota de population à respecter, vu qu'il n'y a rien à partager : pas de grenier à riz, pas d'arbres fruitiers, pas de coin de pêche... Nous sommes une cinquantaine de personnes dans ce bien triste campement, la moitié a moins de quinze ans.

Un dur apprentissage commence pour moi.

Sur le conseil de ma tante, nous avons acheté deux sacs de riz de 100 kg, payés mille fois plus cher que le prix habituel. Mais peut-on encore parler d'habitude dans cette nouvelle

« organisation » du pays où tout fout le camp ? Deux jours après notre achat, nos billets de banque ne sont plus que des bouts de papier, désormais ils servent à allumer le feu, pour faire cuire le riz ou bouillir l'eau. Heureusement d'ailleurs que je les ai, habituée aux cuisinières à gaz, je me débrouille très mal pour allumer un feu de bois. Je ne sais presque rien faire de mes dix doigts, comme disent les paysannes. Mes deux cousines, jusque-là moins gâtées que nous par la vie, commencent à nous regarder comme des charges.

Pour apporter ma contribution à la vie commune, je propose de m'occuper de la corvée d'eau. Le point d'eau se trouve à environ un kilomètre. Pour se laver, tout le monde se déplace à l'étang ; mais il faut ramener l'eau pour boire et pour la cuisine. Il nous faut environ huit seaux par jour. Au début, je portais des seaux au bout de chaque bras ; mais un voisin m'a expliqué que j'étais en train de me faire repérer comme « capitaliste ». Les gens de rizière ne les portent pas de cette façon-là. Il faut prendre un *dang rèk*, c'est-à-dire un bambou plat d'une longueur de 1 m 20 à 1 m 50, selon la taille du porteur. On met ce *dang rèk* sur l'épaule et on suspend un seau à chaque bout, à l'aide d'une corde. Ce moyen de transport est moins fatiguant, les seaux ne tirent plus sur vos bras ; mais ce n'est pas évident à pratiquer car il faut apprendre à marcher d'une certaine façon afin de ne pas renverser l'eau. Au début, je ne peux ramener à destination que la moitié de chaque seau. Mais au bout d'une semaine, mes seaux arrivent presque pleins.

Malgré une douleur sourde à l'épaule, je ne peux m'empêcher de remarquer l'endurance physique que nous avons acquise, mon fils et moi, grâce à cette corvée d'eau. Nous pouvons marcher pieds nus, sans trop souffrir. Oh ! l'illusion des chaussures !... Maintenant la plante de nos pieds est revêtue d'une croûte dure qui vaut mieux que n'importe quelle semelle. Dans ces va-et-vient pour aller chercher l'eau, j'amène toujours mon fils avec moi, pour l'habituer à marcher. Thira languit beaucoup de son père, il ne se passe pas un jour sans qu'il me pose une question sur son sort. Je lui dis qu'il faut s'arrêter de poser des questions, car elles me fatiguent et Bouddha a dit qu'il faut vivre l'instant présent. L'instant présent, c'est de s'entraîner à faire comme les autres....

Le 5 mai, toute la journée, les soldats khmers rouges défilent sur la route nationale par groupes de quatre ou cinq. Dans la nuit, le grondement des moteurs de camions vient troubler les chants des grillons. C'est la première fois que « la voix de l'Amérique » captée ce soir-là, nous apprend qu'à Phnom-Penh c'est la victoire des Khmers rouges et l'évacuation des étrangers se trouvant encore à la capitale. Un espoir fou naît en moi... Je dis à ma mère que ces étrangers vont enfin témoigner à la communauté internationale de l'acte inhumain et absurde des khmers rouges.

Chaque jour, nous écoutons « la Voix de l'Amérique » pour avoir quelques nouvelles fraîches ; hélas les actualités cambodgiennes ne font plus la une de cette radio. Quant à radio Phnom-Penh, elle continue à diffuser inlassablement les chants révolutionnaires.

Fin mai. La saison des pluies commence à pointer le nez. Nous avons droit de temps à autre à une pluie tropicale bienfaisante qui rafraîchit l'atmosphère et surtout nous apporte une eau plus claire pour boire. Car l'eau de notre étang commençait à prendre une couleur douteuse, entre le jaune et le vert.

Un jour, après une bonne averse, notre voisine suivie de ses trois enfants m'annonce malicieusement qu'elle va au marché. Je prends la chose avec un sourire, comprenant très bien que le marché n'existe plus depuis le 17 avril. Quelle surprise quand je la vois revenir, une demie-heure plus tard, avec un seau à moitié plein de petits crabes et d'escargots. Elle nous donne une poignée de ces bestioles qui agrémentent bien notre repas du soir. Je dis à Thira : « Nous irons, nous aussi, au marché à la prochaine averse ».

Deux jours plus tard, la pluie bienfaisante est au rendez-vous. Après avoir fait le nécessaire pour recueillir cette eau du ciel, nous partons tous les trois au marché, ma sœur, Thira et moi. Mais malgré tous nos efforts, malgré des carrés et des carrés de rizières piétinés, nous rentrons bredouilles, le seau désespérément vide. La cueillette de notre voisine est aussi fructueuse que la première fois… Devant notre désespoir, elle nous offre de l'accompagner la prochaine fois. Il n'y a pas de coins secrets… Il suffit de la regarder faire et d'apprendre à faire comme elle. Il faut éviter autant que possible de marcher dans l'eau. On reste sur les petites digues en terre battue limitant chaque carré de rizière et on observe la surface de l'eau : une bulle, un cercle, on plonge vite la main pour aller chercher l'auteur, les auteurs de ces phénomènes au risque de se faire pincer. Les bestioles se cachent toujours sous les racines des herbes et des plantes aquatiques. En principe, les serpents venimeux ne vivent pas dans l'eau.

Chaque jour, moi, la femme « civilisée » de la ville, j'apprends à connaître la mentalité de ces paysans, extrêmement bavards, parlant de n'importe quoi, mais incapables de nous communiquer leur savoir-faire.

Je constate que mon savoir livresque ne m'apporte rien pour subsister. Un autre apprentissage s'impose. Je passe mon temps à observer mes voisins, à acquérir leurs gestes, persuadée que c'est le seul moyen qui va nous permettre de survivre. C'est peut-être une illusion de plus, comme mes diplômes de philosophie ou de droit, mais comment faire autrement que de prendre cet apprentissage très au sérieux ? Il procure un fruit immédiat. Inutile de dire qu'au bout d'une semaine, je suis devenue aussi experte que nos paysannes pour ramasser les escargots et les crabes qui peuplent nos rizières.

Apprenant que, pas très loin de notre campement, il y a un charnier, je ne peux résister à l'envie d'aller y jeter un coup d'œil. Sous une chaleur humide, j'arrive à l'endroit où s'entassent une cinquantaine de cadavres. C'est tellement horrible de voir ces corps, empilés pêle-mêle... Je reste là, pétrifiée, sans savoir pourquoi je suis venue. Suis-je entrain de rêver ? Existe-t-il quelqu'un pour me sortir du cauchemar ?

« M'an », la petite voix d'un garçon de trois ans m'arrache brusquement de ce rêve. Je viens de réaliser que mon fils est là, avec moi, devant cette vision horrible. Comme d'habitude, Thira m'a suivie. Je le prends vite dans mes bras et me mets à courir, à courir. Une odeur indéfinissable me poursuit, qui imprègne tout mon être...

Peu à peu, la fatigue, le calme paisible et monotone des rizières alourdissent mes pas. Je m'arrête à l'ombre d'un bouquet de palmiers, m'allonge sur le dos et regarde le ciel bleu si serein. Je me sens alors insignifiante devant cette nature si neutre, toujours fidèle à elle-même, insensible aux drames des hommes, impassible...

« Tout n'est qu'illusion ici-bas ». La vacuité de ma religion bouddhiste me saisit dans toute sa vérité, si vérité il existe...

Oui, tout n'est qu'illusion. La vie tranquille et joyeuse d'une fille issue d'une famille très aisée de Battambang, d'une femme cultivée et fortunée, d'une femme qui se croyait à l'abri de toutes les misères du monde grâce à son bon karma. En quelques jours, il ne reste plus rien. Ma vie de fonctionnaire à Phnom-Penh, mon mari, ma maison, tout n'est qu'illusion. Il ne me reste rien. Pas même la fierté d'être une femme indépendante, capable de se débrouiller par elle-même...

« Oh ! vanité des vanités... », la phrase de Bossuet appris sur le banc du Lycée Descartes, le lycée du gouvernement français à Phnom-Penh, retentit dans ma tête, amplifiée par celle du Bouddha : « Rien n'est permanent, même pas ton individu ».

Subitement un petit mouvement, presque imperceptible, me rappelle que je porte en moi une vie. Est-ce que cette vie est aussi une illusion ? Il n'y a aucun gynécologue pour me confirmer quoique ce soit. Pour me convaincre que je ne rêve pas, il faut que je parle de cette « illusion » à quelqu'un... Je regarde mon fils en train de jouer avec une colonie de fourmis. Il essaie de leur barrer la route avec des mottes de terre. Je le prends dans mes bras, au lieu de se laisser faire comme d'habitude, Thira me regarde avec tout le sérieux dont il peut être capable à son âge :

– Dis m'an, papa n'est pas mort comme tous ces gens qu'on vient de voir ?

– Non, mon chéri. Mais j'ai une bonne nouvelle pour toi. Tu vas avoir une petite sœur ou un petit frère.

– Je ne comprends pas. Où sont-ils ? Je ne les vois pas.

– Ici en moi, ce sera là dans quelque temps.

– Ce sera un garçon ou une fille ?

– Je ne sais pas. Je souhaite que ce soit une petite sœur pour toi. Car ton papa aimerait avoir une fille.

– Chic, nous sommes trois à attendre papa...

Nous rentrons lentement sous les rayons dorés du soleil couchant. Je me sens comme rassurée d'avoir partagé avec mon fils, le secret de la vie que je porte en moi. Je pense à tous ces morts sans sépulture : comment peuvent-ils trouver une réincarnation convenable en étant violentés ainsi ? Dans la tradition bouddhique, pour qu'une personne puisse se réincarner dans des conditions favorables, il faut que son départ se passe dans le calme, sans trop de heurts psychologiques. Un grand point d'interrogation traverse mon esprit. Je ne suis sûre de rien en ce qui concerne le sort de mon mari. Peut-être qu'il se trouve aussi quelque part dans un tas de cadavres...

Je me demande comment Thira va gérer psychologiquement la vision de cette atrocité ; cela va-t-il le traumatiser ?

Je me dis finalement que c'est en rencontrant un vieillard, un malade, un mort et un sage que Sâkyamuni, le Bouddha, a réfléchi à la condition humaine pour arriver à trouver la « voie du milieu »... Mon fils a vu la mort, cela va peut-être le mettre sur la voie de la sagesse...

IV

La dictature du « peuple nouveau »

Dans ces désordres, je m'efforce de me convaincre que tout n'est qu'illusion, j'essaie de retrouver la voie du milieu. Le premier enseignement prononcé par Bouddha dans le parc des gazelles à Bénarès, pour ses cinq premiers disciples, me rappelle cette « noble voie » :

« Ô moines, il faut éviter deux attachements extrêmes : – celui aux plaisirs, et celui aux mortifications. Ils sont tous les deux avilissants, vulgaires, sans noblesse, sans profit pour l'homme.

Ô moines, le Bouddha s'est détourné de ces deux extrêmes ; et il a découvert la voie du Milieu qui donne la vision claire, la connaissance ultime et qui conduit à la paix, à la sagesse, au nirvana. »

Mais la voie du milieu s'éloigne chaque jour un peu plus...

Fin mai, mon frère aîné nous a fait parvenir un message pour nous prévenir qu'il n'était pas arrivé à quitter le pays comme il l'espérait. Il s'est finalement installé avec toute sa famille à Boat Trang, un petit village au bord de la rivière

Mongkol Borey. Boat Trang se situe à trois heures de marche de notre campement, je décide d'aller lui rendre visite.

À Boat Trang, mon frère a construit une petite paillote. Je trouve l'endroit plus accueillant que notre campement, grâce à la rivière. Au Cambodge la rivière est source de vie, elle fournit l'eau courante et les poissons, deuxième base de la nourriture khmère après le riz. Sur l'invitation de mon frère, je décide de quitter notre campement et de venir nous installer auprès de lui.

Je repars donc chercher le reste de ma famille. Sur la route du retour, nous nous arrêtons chez la cousine de Rohat Tuk. Sa petite maison nous donne l'impression d'un luxe extraordinaire. Pourtant, c'est une maison fort modeste en comparaison de la mienne, ou de celle de mon père. Mais cela fait plus d'un mois que je ne suis pas entrée dans une vraie maison. Ainsi va la vie. Tout est relatif. Bouddha a raison... Rien n'est permanent. Surtout pas nos impressions et nos sentiments...

Début juin, nous quittons la famille de ma tante. Nous lui laissons beaucoup de matériel. Nous ne prenons que le strict nécessaire : une couverture pour chacun, deux moustiquaires pour nous cinq, un vêtement de rechange...

À Boat Trang, Angkar a attribué à tous les « gens de la ville » un terrain vague, inondable à la saison des hautes eaux, en amont du village de Prèk Chhik.

Après trois mois de désorganisation et de vagabondage, les premières mesures commencent à se mettre en place. La population est divisée en groupes et en coopératives. Dix foyers forment un groupe ; dix groupes forment une coopérative. Le chef de groupe est choisi selon un critère d'appartenance sociale : il est de préférence illettré, issu d'un milieu ouvrier ou paysan. Le président de la coopérative est un paysan de souche, respectable par son âge ; il doit veiller à faire appliquer les ordres de l'Angkar, transmis par un chef militaire khmer rouge. Ce dernier a en plus sous ses ordres cinq ou six espions, choisis parmi la jeunesse paysanne. Ces espions ont pour mission de signaler à l'Angkar toute attitude « impérialiste » de la population. Selon l'enseignement de l'Angkar l'impérialisme est caché partout : écouter « la voix de l'Amérique » est un acte de traîtrise, gronder son enfant relève d'une attitude anti-révolutionnaire…

Une fois par semaine, tout le monde est invité à une réunion de travail qui se déroule toujours dans la soirée et se termine tard dans la nuit. Après une journée harassante de labeur… Le chef de coopérative nous répète ce qu'il a pu retenir de sa réunion avec le camarade chef militaire, la veille. Nous devons répéter inlassablement les trois slogans de l'Angkar.

« Chassons de notre pays bien-aimé l'impérialisme américain et ses sbires – Construisons un Kampuchéa autonome et suffisant – Nous arriverons à avoir trois moissons par an. »

Pour couronner le tout, nous crions en un seul chœur : « Bravo Kampuchéa Extraordinaire - Bravo Kampuchéa Ultra-avancé. »

Une personne par foyer doit aller travailler pour l'État, construire les digues commandées par le camarade chef militaire. Tous les greniers à riz sont déclarés « propriété de l'Angkar ». L'Angkar redistribue à ses enfants selon leurs besoins : une boîte de lait de riz par jour pour un adulte, la moitié pour un enfant et deux boîtes de sel par famille tous les 15 jours. (Une boîte de lait correspond à environ 300 grammes, l'Angkar n'utilise pas de balance considérée comme « produit impérialiste ».

Les paysans, nommés « peuple-en attente », peuvent continuer à jouir de leur propriété : maisons, arbres fruitiers, barques, instruments de pêche... Seuls leur grenier à riz et leurs rizières sont confisqués. Instrument par excellence de la société impérialiste, la monnaie n'a plus cours. Le troc s'installe dans tout le pays. Pour nous, « peuple de la ville » classé comme « peuple nouveau », nos monnaies d'échange sont les médicaments, les vêtements, les montres bracelets et bien sûr, l'or.

C'est comme « peuple nouveau » dans une société ultra-révolutionnaire que je dois apprendre à vivre. Beaucoup de choses sont « nouvelles » pour moi ! des multitudes de petites choses dont je n'avais même pas soupçonnées l'existence.

Sans mari, je suis d'office chef de famille : j'ai droit au dur travail des hommes, au nom du principe révolutionnaire de l'égalité des sexes. Pour construire notre cabane, j'ai troqué un bracelet et un collier contre des bambous et des feuilles de palmier. Une ancienne du village m'a appris à tresser les feuilles pour couvrir notre toit. Je me suis faite aider dans la construction par un ancien militaire de la République pour le prix d'une montre. Notre cabane n'est vraiment pas grande, elle mesure deux mètres de large et cinq mètres de long environ. Juste la place pour dormir à cinq.

Le chef de notre groupe s'appelle Nâm, d'après sa déclaration il est ouvrier agricole, mais je le soupçonne d'avoir fait une déclaration de circonstance. Malgré son apparence dure, Nâm n'a pas au fond de lui-même cette haine qu'ont les paysans envers les gens de la ville.

Dans la région où je me trouve, toute la dictature et les atrocités qui l'accompagnent, reposent sur une politique de haine, suscitée et entretenue par l'Angkar : la haine « d'un peuple-en attente » (les gens de la campagne) contre le « peuple nouveau » (les gens de la ville). Le peuple idéal, appelé « le peuple de base » ou « de plein droit », est formé par les gens de la forêt, la forêt qui a vu naître la révolution khmère rouge, qui l'a entretenue et protégée. Il faut préciser que « peuple nouveau » veut dire essentiellement « peuple mauvais », il faut le régénérer en lui imposant le travail le plus dur possible.

Tous ceux qui connaissent la société khmère savent très bien qu'il existe une forte coupure entre les gens de la ville et les gens de la campagne. Les citadins formés d'intellectuels, de fonctionnaires, de commerçants, ont toujours regardé les paysans comme des gens arriérés, paresseux, marqués par un « mauvais karma »…, ce qui veut dire dans l'esprit bouddhique qu'ils méritent plus ou moins leur sort. Il existe un déséquilibre flagrant entre les villes occidentalisées à outrance, surtout la capitale Phnom-Penh, et le reste du pays[1]. Nos paysans demeurent frustrés par l'administration, qu'elle soit celle du protectorat français, celle de Sihanouk ou celle de la république khmère dans laquelle la corruption perdure. Je faisais moi-même partie des intellectuels pensant qu'il y avait quelque chose à faire pour changer la mentalité des gens de la ville, mais le poids de la croyance dans la loi du karma[2] nous amène souvent à accepter les choses telles qu'elles sont. Selon la croyance bouddhique, chaque vie présente est déterminée par les actes des vies antérieures, chaque individu mérite tout ce qui lui arrive…

L'Angkar exploite habilement cette frustration paysanne et cette loi du karma, toutes deux profondément enracinées dans la mentalité khmère. Ce « peuple nouveau », ce peuple

---

1. Le Père François Ponchaud, prêtre missionnaire catholique, a su évoquer avec justesse la situation conflictuelle de la société khmère dans un document intitulé « La révolution khmère rouge : un phénomène khmer ? » publié le 24 avril 1980 par Espace Cambodge (Paris).
2. Le karma est l'acte avec ses conséquences. Un acte produit, par lui-même, un bon ou mauvais fruit. L'ensemble de ces fruits détermine la naissance ultérieure de l'individu. Ce dernier peut renaître en être humain ou en animal selon la conséquence de ses bons ou mauvais actes.

mauvais de la ville, ce peuple souillé par la civilisation occidentale, il faut l'aider à se purifier. Grâce aux travaux forcés, il deviendra un peuple pur, digne d'être l'héritier de celui qui a construit Angkor.

Pareille propagande pousse jusqu'à exaspération le chauvinisme. Je vois ainsi une partie de la jeunesse paysanne prendre très au sérieux son rôle de « peuple pur ». Ces jeunes purs et durs jouent à la perfection leur personnage de surveillant, de gardien de l'Angkar. On voit alors se multiplier les dénonciations pour assouvir un esprit de vengeance, de jalousie. On regarde la souffrance de l'autre avec un calme extraordinaire : ce dernier n'est-il pas en train de récolter le fruit de son karma ? Un individu souffre parce qu'il le mérite.

Dans la région de Boat Trang et de Prèk Chhik, les soldats khmers rouges ne sont pas très nombreux, une quinzaine seulement. Des jeunes paysans zélés font la police, persuadés qu'ils vont ainsi changer le cours de l'histoire et amener leur pays vers la prospérité angkorienne. La situation est très dangereuse, les espions sont partout. Ces gardes zélés se recrutent parmi une classe d'âge de quatorze à vingt ans maximum. Les plus âgés, eux sont persuadés que ce qui est arrivé doit arriver, mais ils sont beaucoup plus marqués par la sagesse bouddhique. Pour eux il y a bien sûr la causalité du karma, mais ces paysans âgés ont aussi conscience de l'impermanence des choses, un des aspects du Samsara (la loi cyclique de la vie et de la mort). Rien n'est permanent, tout change, ainsi va la vie... Ils se tiennent plutôt à l'écart.

Dans cette atmosphère de haine des classes, d'indifférence suscitée par la croyance dans le karma, d'immobilisme marqué par un regard désabusé de ceux qui pensent que rien n'est permanent, je dois m'efforcer de survivre avec mon fils Thira, ma mère, ma sœur et mon petit frère. Dans cet ordre chaotique, dans ce désert où la violence a le dernier mot... je m'applique à chercher le chemin du milieu.

Chaque matin, nous sommes une cinquantaine de la coopérative à partir travailler sur un chantier de terrassement, à une heure de marche du village. Nous sommes censés construire des digues, créant une réserve d'eau en plein milieu des rizières, afin de pouvoir cultiver le riz trois fois par an. Ce sont des digues en terre battue sans armature, ni plan. On nous dit que nous sommes en train de travailler dans les mêmes conditions que nos valeureux ancêtres, les constructeurs d'Angkor. Ce n'est pas trop pénible... Si ce n'était la musique révolutionnaire qui pollue la nature, et le poids de nos incertitudes, je me croirais presque à l'époque des « travaux manuels » de Sihanouk. En effet quand Samdech Auv (le prince papa) était au pouvoir, il avait l'habitude de programmer deux ou trois fois par an, une séance de travail manuel où tous les ministres, les cadres, les notables de la ville, y compris Samdech Auv lui-même, allait en faire une plantation d'arbres ou construire des maisons pour les démunis. C'était une grande fête. Tous ces chantiers étaient soit terminés par des entreprises spécialisées, soit carrément laissés à l'abandon. Ce n'étaient que des mises en scène de Sihanouk pour montrer qu'il était un père soucieux du petit peuple.

Sur le chantier de ces digues, les khmers rouges sont omniprésents. Ce sont eux les ingénieurs. Il est fort comique de voir des gamins d'une dizaine d'années, diriger un chantier de conception et réalisation. Je me demande quelle eau ce barrage pourra stocker, tellement son emplacement paraît absurde. De temps en temps, les chants révolutionnaires sont entrecoupés de cours sur le marxisme à la cambodgienne, ou de sermons d'un soi-disant bonze bouddhiste. Ce dernier démontre au valeureux peuple khmer que l'ère du septième Bouddha est en train de se réaliser. La tradition khmère nourrit l'idée que le monde va changer radicalement lorsque Preah San Ar (le septième bouddha) se réincarnera. Il n'y aura plus de riches ni de pauvres ; tout le monde sera sur pied d'égalité, en richesse matérielle, comme en richesse intellectuelle ou spirituelle. D'après ce camarade bonze, c'est le but ultime de l'Angkar. Construire une société nouvelle où tout le monde vivra heureux. Heureuse est déjà la jeunesse paysanne à cette époque... Ces jeunes garçons et filles n'ont encore rien perdu, ils vivent chez eux, dans leur famille, dans leur cadre de vie, et par dessus tout, ils ne sont plus astreints à respecter les anciens. Cette jeunesse paysanne est ivre d'une liberté nouvelle, elle chante, elle danse, elle va au travail dans l'allégresse. Elle a un bouc émissaire tout désigné, un coupable qui endosse tous les problèmes. Ce bouc émissaire est formé par nous autres, les gens de la ville, les souillés, sur qui elle peut se défouler.

Chaque jour qui passe me sort un peu plus de ma torpeur. Chaque jour me fait prendre conscience de l'état absurde dans lequel se trouve mon pays. Mon corps aussi se transforme à mesure que ma grossesse avance. Mon entourage, surtout ma mère, découvre avec angoisse que j'attends un enfant.

– Au nom du Bouddha, ma fille, comment allons-nous nous en sortir, sans médicament, sans gynécologue, sans sage-femme ? me dit-elle un soir.

– Les bêtes mettent bien au monde leur petit sans assistance, maman.

– Mais tu n'es pas une chienne à ce que je sache.

– On verra bien, maman, mais sache que je suis heureuse et fière de porter cette vie en moi dans ce monde de mort. Je donne ainsi une gifle à cette organisation absurde. J'ignore ce qu'il est advenu de mon mari. S'ils l'ont tué, c'est ma réponse de mettre cet enfant au monde ; c'est ma vengeance personnelle. Je ferai tout pour sauver mes deux enfants...

— Je renonce à te comprendre. Tu ne raisonnes plus selon les enseignements du Bouddha.

Les enseignements du Bouddha, j'ai de plus en plus de mal à les comprendre. Je ne sais pas comment trouver le juste chemin dans ce tourbillon d'angoisses et d'incertitudes. Je n'arrive plus à me persuader vraiment que tout n'est qu'illusion... À chaque minute, il faut me battre, m'accrocher à quelque chose pour ne pas sombrer dans l'angoisse, dans le découragement ; je supporte mal les gémissements et les larmes de ma mère.

Le chemin juste, la voie du milieu, je n'ai plus les moyens de l'atteindre. Chaque jour qui passe enferme mon cœur, mon esprit, dans un étau de haine et de colère inexprimables, je le sens.

Un soir, de retour du chantier, je trouve tout le monde dans un état d'excitation anormale. Il y a de quoi : le mari de ma cousine est arrivé de Battambang-ville pour chercher sa femme et ses deux enfants qui se trouvent avec nous à Prèk Chhik. Sous le régime de la République il faisait partie des « espions » des khmers rouges. Bien sûr, il est maintenant un camarade « de plein droit » Pour tous les membres de ma famille, il fait figure, ce jour-là, d'un héros qui va peut-être les sortir de l'impasse. Cet esprit m'écœure. Mon cœur est rempli de haine, de colère, incapable d'aller saluer un traître, fût-il un membre de notre famille. D'ailleurs, il n'ose même pas se présenter à notre case. Ce n'est pas gratifiant pour un camarade de fréquenter des « gens impurs »...

— Qu'il reste sur son nuage, me dis-je. J'ai encore assez d'honnêteté intellectuelle pour ne pas aller parler à un individu qui approuve ce régime dictatorial, ultra chauvin et absurde.

Le chemin du milieu pour moi, c'est le silence. Je garde silence sur tout, je n'ouvre la bouche que pour dire oui ou non. C'est la seule voie pour survivre : je n'ai pas assez l'accent paysan pour parler sans trahir mon milieu social, en plus il me faut faire attention aux mots que j'emploie car au Cambodge, le vocabulaire diffère d'une catégorie sociale à une autre. Je m'enferme dans un silence presque total, un silence forcé par les événements, nourri par l'incompréhension de mon entourage... et de plus en plus lourd à porter. Mon époux me manque énormément. Je commence à perdre l'espoir de le revoir. J'ai comme un pressentiment qu'il a déjà quitté cette vie. Sa dernière phrase avant son départ revient comme en lettres de feu dans ma mémoire : « Tu feras tout, n'est-ce pas ma chérie, pour sauver nos deux enfants ». Il savait que j'étais enceinte. C'était son désir le plus profond d'avoir un autre enfant. Au Cambodge il va de l'honneur d'un homme d'avoir plusieurs descendants !...

Les anciens du village pensent que les « présages bouddhiques » sont en train de se réaliser. La croyance populaire accorde beaucoup d'importance à ces présages. Ils sont écrits sous forme de poèmes ; on a attribué leur origine à un prophète inconnu de l'époque du roi Ang Duong (1845-1860). Chaque Cambodgien connaît plus ou moins ces présages, pensant que ce sont les dernières paroles du Bouddha Sâkyamuni à son frère Ananda. Un de ces poèmes prédit notamment :

« Vers l'an 2500 de mon ère, des gens de la forêt sèmeront la panique dans tout le pays. La guerre totale va durer sept ans. Le sang va couler à flot formant une rivière qui montera jusqu'à la hauteur du ventre de l'éléphant. Toute ma religion va sombrer dans l'oubli et l'ignorance. Les bonzes seront éliminés, il n'en restera que quatre dans tout le pays... »

Au fond, le bouddhisme est une sorte de stoïcisme consistant à connaître et à accepter les lois du karma comme choses inévitables. Dans le silence physique qui m'enferme, s'ouvre un espace intérieur où se bousculent beaucoup de choses.

Les quatre nobles vérités s'imposent, bien sûr, dans toute leur splendeur :

– la vie est souffrance,

– la cause de la souffrance est le désir,

– la cessation de la souffrance est la cessation complète de toute soif,

– le chemin qui conduit à cette cessation est le noble chemin octuple.

Ce chemin octuple qui est le chemin du milieu, je le connais, intellectuellement. Mais comment le suivre en pratique dans les conditions matérielles où je me trouve ?

Comment penser « juste », comment avoir une attention « juste », une compréhension « juste », quand mon corps n'a plus les moyens d'existence « justes » ?

« La pensée juste » consiste-t-elle à accepter notre karma dans ces conditions extrêmes ? Faut-il se dire qu'on est en train de récolter les fruits de ses actes négatifs, faire le dos rond et attendre simplement l'extinction de ces fruits négatifs ?

Cette sagesse m'est praticable quand les choses ne sont pas trop difficiles, quand il reste quelques points de repère. Mais continuer à accepter cette loi du karma quand l'injustice est flagrante, quand la violence est omniprésente, quand j'ai la responsabilité de faire vivre mes deux enfants, cela relève de l'impossible. L'acceptation de cette loi du karma m'amènerait tout simplement à éteindre en moi le désir de vivre. Or, dans cette circonstance de non-vie, je ne peux tenir que si je désire vivre de toutes mes forces. Je suis comme un naufragé en haute mer : s'il arrête de nager, c'est sa fin, à moins qu'il ne trouve un morceau de bois pour s'accrocher.

Le morceau de bois dans cette mer déchaînée, c'est la haine, la colère, la révolte. J'essaie de vivre cette révolte, stoïquement. Mais je ne peux plus me tourner vers la sagesse bouddhique, qui me recommande d'éteindre toute soif en moi. La révolte ne fait pas partie du noble chemin octuple. Au contraire...

Logiquement, se révolter contre la loi du karma est complètement idiot... La mort du loup d'Alfred de Vigny me vient alors en mémoire. Le silence du loup est un silence stoïque au-dessus de la fatalité :

« Gémir, pleurer, prier, est également lâche,

Fais énergiquement ta longue et lourde tâche

Dans la voie où le sort a voulu t'appeler,

Puis, après, comme moi, souffre et meurs sans parler... »

Je me placerai dans la logique de la mort du loup. Mais malgré son caractère stoïque cette logique n'est plus celle du Bouddha. C'est une logique qui reconnaît encore le « moi » comme une réalité...

V

Avec Thira devant la rizière

    Les moussons commencent à tourner. Les premières pluies font leur apparition. Le chemin pour aller au chantier devient très glissant. Il faut marcher vite sur les petites digues des rizières. Je n'arrive pas à trouver une bonne cadence de marche. Plus je fais attention, plus je fais des chutes grotesques. Je me dis que si cela continue, je finirai sûrement par faire une fausse couche. En général les femmes restent à la maison, ce sont les maris qui vont travailler à leur place. Ma mère voudrait que je demande au chef de camp la permission de rester au village. Mais je suis trop fière pour aller solliciter une faveur auprès de l'un des sbires de ces assassins khmers rouges. Ce sont vraiment des assassins ; il ne se passe pas un jour sans que l'on voie quelque cadavre flotter dans la rivière en crue. Ils le font exprès, pour effrayer le peuple... Souvent je regarde sans vraiment les voir, ces cadavres entraînés par le courant d'une rivière en furie au milieu des troncs d'arbre : où vont-ils accoster ?... sur quel quai ?... dans quelle réincarnation ?...

Ce soir-là, je suis en train d'accompagner un cadavre vers son dernier port par la pensée, quand une voix chuchote à côté de moi :

– Sais-tu au moins reconnaître leur sexe ?

C'est Nâm, le chef du groupe. Je ne sais pas quoi lui répondre, bien trop absorbée par ma pensée. Il continue son discours avec un petit air de moquerie :

– Je viens te voir parce que je pense que c'est bien trop pénible pour toi de continuer à aller sur le chantier. Ma femme est aussi enceinte et elle est bien malade, elle ne peut même pas préparer le repas. Je vais essayer de trouver un travail un peu moins pénible pour toi.

Je le regarde sans vraiment réaliser ce qu'il vient de me dire. Nâm s'en va en me disant : « Merci de ne pas me dire merci ».

Cette phrase est un signe de reconnaissance, pour me signifier que lui aussi est un impur, comme moi. Ce n'est pas dans l'habitude de nos paysans ou dans celle des gens de la forêt de dire merci. Le mot « merci » n'existe pas dans leur vocabulaire. Ils pensent tout naturellement que si quelqu'un fait du bien, il le fait pour améliorer son karma.

Trois jours après cette conversation, Nâm vient me dire que l'Angkar a décidé de changer mon travail. Je suis chargée désormais de surveiller les sorties et les entrées du village. C'est la saison des hautes eaux, toutes les voies de liaison terrestre sont inondées ; l'artère principale de communication est donc la rivière. On m'a construit un abri en bambou à l'entrée du village, sous un banian. Le banian est une sorte de figuier, dont les branches développent des racines aériennes, qui descendent jusqu'au sol. Ces racines contribuent à donner à l'arbre un aspect mystérieux, il est classé par le peuple comme un arbre sacré, souvent habité par des génies. Le génie du banian de mon abri s'appelle « le génie au cou rouge ».

Mon travail de surveillance consiste à compter les barques qui rentrent et sortent du village et à demander leur laissez-passer à ces voyageurs. Sensée illettrée, je fais des barres pour marquer le nombre et je jette un coup d'œil de circonstance sur les laissez-passer. De toute façon, seuls les cadres khmers rouges peuvent se déplacer. Il faut que je fasse très attention pour ne pas donner l'impression de savoir lire à ces gens en « noirs ». Ma journée de surveillance commence avec le lever du soleil et se termine avec son coucher. C'est une période à part, presque positive dans ma déportation, parce que je peux m'occuper toute la journée de mon fils.

Le matin, nous partons, tous les deux, rejoindre le poste de garde, en emportant notre repas. Ce repas se compose d'un bol de riz blanc et d'un bout de poisson salé. Nous n'avons pas de récipient adéquat pour l'emporter. Nous l'enveloppons dans une feuille de bananier avant de le mettre au bout de notre écharpe. Les paysans cambodgiens ne sortent jamais sans leur écharpe. C'est un morceau de coton tissé de 1,50 m de long et de 60 cm de large qu'on enroule autour du cou. C'est une écharpe multifonction, elle peut servir comme chapeau pour se protéger quand le soleil tape trop fort, elle sert de mouchoir, d'oreiller, de maillot de bain…

À cette saison, le chemin de terre battue est très glissant ; quand il n'est pas submergé. En dépit de tout bon sens, j'entraîne Thira à marcher vite sur ce chemin, comme de « vrais paysans ». Il lui arrive de faire une bonne chute qui le fait pleurer. Je lui apprends alors à ravaler ses larmes, parce que pleurer est une faiblesse, et que si on dévoile aux autres notre faiblesse, ils vont en profiter pour nous faire du mal…

Toute la journée dans le petit abri de garde, je raconte à Thira des contes et légendes de notre pays, surtout l'histoire de Thmin Chhey, le petit garçon fort malin qui arrive à tourner en dérision le roi le plus puissant du Cambodge. Je voudrais que mon fils comprenne que les armes les plus puissantes de l'homme ne sont ni le fusil ni le couteau, mais l'intelligence et la force de caractère. En fait, je prends conscience de la fragilité de ma vie et je voudrais que mon fils arrive à trouver en lui la force nécessaire pour survivre. Je lui fais aussi les cours les plus élémentaires sur les sciences naturelles : pourquoi la nuit, pourquoi le jour, pourquoi la pluie, d'où vient l'eau qui entoure notre abri, comment font les poissons pour se reproduire... Je lui explique que tout dans la nature a une cause, la pluie ou le tonnerre ne sont pas du tout les caprices des esprits, des génies, ou des dieux.

J'essaie ainsi de former l'esprit critique de mon fils, de lui parler d'autres pays qui se trouvent loin de chez nous, de lui dire qu'il y a d'autres habitants de la terre qui ne nous ressemblent pas tout à fait ; certains ont un grand nez, d'autres ont une couleur de peau différente. Je lui parle surtout de la France, de ses écrivains, de Paris, de ses lumières magnifiques...

Par contre, je ne lui apprends ni à lire, ni à écrire, de peur que cette connaissance ne trahisse notre origine. Je m'applique à donner à mon fils des connaissances générales. Je souhaite de toutes mes forces que Thira ait l'aptitude physique de nos paysans, seul et unique moyen de survivre, mais pas leur esprit borné.

Je me suis rendue compte que mon fils guette chaque jour l'arrivée de son père. À chaque passage des barques il est très déçu de ne pas le voir. J'ai peur qu'il ne fasse un jour l'erreur fatale de poser à tous ces cadres Khmers rouges une question sur son père. Je lui dis qu'il lui faut garder en lui ses peurs, ses chagrins, ses pleurs et même ses joies, même ses attentes : il deviendra ainsi un petit garçon aussi fort que Thmin Chhey, à ce moment-là il ira chercher son père tout seul, sans avoir besoin de l'aide de personne.

Nous sommes restés cinquante jours à faire la garde. Cinquante jours pendant lesquels j'ai essayé de former l'esprit de mon fils. C'est vraiment peu, mais ces cinquante jours furent pour nous deux comme une oasis, une oasis où nous goûtions la joie immense d'être ensemble et de pouvoir nous parler de tout sans avoir peur d'être entendus. Ensuite, je n'ai plus eu aucune occasion de lui parler de toutes ces choses.

Je fais des efforts pour faire des comparaisons et prendre des images, mais je suis consciente que Thira ne comprend pas tout ce que je lui raconte. Qu'importe... Il se souviendra sûrement qu'un jour, sa mère lui a tenu un autre « langage » que celui de la superstition de nos paysans ou celui de la propagande de la toute puissante Angkar...

VI

Un village dans une ville fantôme

Les moussons commencent à changer de direction. Le niveau de la rivière descend chaque jour. Les saisons changent, les événements aussi... L'organisation de l'Angkar devient plus structurée. Il n'est plus permis de préparer soi-même ses repas. Manger chez soi est une déviance aux règlements ; c'est le signe d'un état d'esprit bourgeois. Les repas sont donc pris en commun au sein de chaque groupe. Ce règlement amène avec lui en conséquence logique le ramassage et la mise en commun de tout ustensile de cuisine. Désormais toute fumée devient suspecte.

Je reçois à ce moment-là des nouvelles de ma tante, elle a réussi à rentrer chez elle à Mongkol Borey, son mari a été admis comme ouvrier dans ce bourg. Elle a amené avec elle tout ce que nous lui avons laissé : vêtements, couvertures et quelques paperasses. Ma sœur, partie travailler à la frontière thaïlandaise, est tombée bien malade ; on l'a amenée à l'hôpital de Mongkol Borey. Ces deux nouvelles m'incitent à aller demander au camarade officier khmer rouge de notre coopérative, l'autorisation de me rendre à ce bourg. C'est là une décision fort risquée. Mon chef de groupe Nâm essaie de m'en dissuader, mais en vain. Je persuade le président de ma coopérative de m'amener voir ce camarade officier. Il paraît que c'est quelqu'un d'extrêmement féroce, qui tue, et qui mange tout cru le foie de ses victimes. Mais mon désir d'aller à Mongkol Borey est plus fort que ma crainte. Il faut que je puisse m'y rendre. Surtout à cause de ma sœur, afin de pouvoir lui porter de la quinine ; je ne fais aucune confiance à la médecine traditionnelle khmère rouge. Au village, nous arrivons encore à trouver quelques médicaments en les troquant contre de l'or. J'ignore d'où ils viennent, certains prétendent que ce sont les chefs khmers rouges eux-mêmes qui sont à la source de ce marché noir...

Le président de ma coopérative s'appelle Ta Chhœun, c'est un brave paysan d'une soixantaine d'années, rempli de compassion pour les gens de la ville que nous sommes, mais persuadé que c'est là un destin incontournable de la loi du karma. Nous arrivons au P.C., une ancienne rizerie, vers 10 heures. Il y a là une vingtaine de soldats. Certains dorment encore dans leur hamac, d'autres sont en train de nettoyer leur fusil. Le camarade officier écoute ma demande tout en se balançant dans son hamac. Je lui explique le but de mon voyage qui est d'aller chercher quelques vêtements et couvertures chez mon oncle, un valeureux ouvrier de l'Angkar à Mongkol Borey, car mon accouchement approche. Il me demande mon nom et sans un mot se met à griffonner un bout de papier sale. En me le tendant, il me dit de vérifier s'il a bien écrit ce que je voulais. Je prends le papier et l'enroule dans un bout de mon écharpe. « Je t'ai dit de le contrôler », insiste-t-il. « Je m'excuse camarade, lui dis-je, je ne peux pas, je ne sais pas lire » Il éclate de rire : « C'est bien, tu seras une bonne mère pour le bébé de la révolution. Je te donne la permission pour la journée de demain. Ne reste surtout pas la nuit à Mongkol Borey ». Je quitte le P.C. comme une vraie fille de la révolution, sans dire au revoir ni merci, Ta Chhœun sur les talons. Sur la route du retour il ne peut s'empêcher de me dire son admiration devant mon courage. Je ne lui réponds rien car je ne peux pas lui dire que mon courage, je le trouve tout simplement dans mon orgueil et ma révolte contre ce destin absurde, ce karma dont je refuse d'être l'objet.

Le lendemain, au premier chant du coq, j'embarque avec les deux hommes de la coopérative qui vont chercher nos rations de riz à la gare de Mongkol Borey chaque semaine. J'emmène précieusement avec moi dix comprimés de quinine, cinq comprimés d'antibiotique, quelques comprimés de vitamine et un peu de sucre. Ce sont des objets compromettants que j'ai pu me procurer en troquant deux colliers et deux bracelets en or à une femme chinoise, je risque ma vie si on me fouille. Mais ceci m'est complètement égal, je ne réfléchis pas trop aux conséquences, je sais très bien que je ne peux pas être à l'abri de tout. Les choses sont très incertaines.

Pendant que les hommes de la coopérative chargent les sacs de riz, je cours vite à l'ancien hôpital japonais de Mongkol Borey. Quelle désolation ! Il ne reste plus rien qui ressemble à un hôpital, sinon quelques lits bancals, sans matelas, avec des gens qui ressemblent plutôt à des cadavres qu'à des êtres vivants. Dans cette atmosphère de mort, il y a quelque chose de très gênant pour moi qui suis relativement en bonne santé et porte par-dessus tout une promesse de vie. La situation est si grave, et si grotesque en même temps, que je ne peux rien me dire d'autre que : « Ce n'est qu'une illusion, ma chère. Tout est illusion ici-bas ! »

Quand je retrouve ma sœur parmi ces squelettes vivants, la joie de la voir respirer encore, la joie qui illumine son visage quand elle me reconnaît, sont si intenses qu'elles ne peuvent pas être des illusions. Ce serait vraiment dommage. Ces instants lumineux m'aident à lutter...

Je lui demande si elle a la permission de sortir de sa chambre. Devant sa réponse affirmative, je l'aide à se lever et nous allons nous asseoir sur la terrasse à l'ombre d'un manguier géant. Les moineaux chantent et sautillent sur les branches de cet arbre centenaire. Toutes les deux, nous sommes prises dans un silence indéfinissable, nous ne savons que dire...

Après avoir bien inspecté les environs, je lui glisse dans sa main le « trésor » que je lui amène. Nous sommes restées une heure ensemble à écouter les chants d'oiseaux, à savourer le fait de se retrouver. Avant que je ne la quitte, ma sœur me confirme la mort de notre frère aîné. Surpris dans son plan de fuite avec deux autres anciens soldats de la République khmère, ils ont été égorgés tous les trois. Il paraît que ses bourreaux ont trouvé sur lui la licence d'exportation du bois de luxe ainsi que la lettre de crédit de la banque thaïlandaise au nom de mon père.

Cette nouvelle me préoccupe énormément. J'ai comme l'impression que nous n'allons pas tarder à avoir des ennuis...

Je quitte l'hôpital japonais et me dirige vers le centre ville de Mongkol Borey pour rendre visite à ma tante. Les maisons abandonnées, les rues vides me donnent l'impression de traverser une ville fantôme. Je quitte les morts-vivants pour me retrouver dans une ville morte. Je ne sais pourquoi j'ai soudain envie de crier pour réveiller cette ville enfoncée dans un sommeil artificiel. Heureusement, une patrouille khmère rouge me demande mon laissez-passer et me rappelle à la réalité.

J'arrive chez ma tante. L'Angkar lui a donné une petite maison d'ouvrier. Sa propre maison se trouve à une dizaine de mètres de là mais occupée par d'autres personnes. Elle me sert un bol de riz avec un petit carré de trois centimètres de poisson salé. Je mange malgré tout de bon appétit. Ma tante m'affirme que d'après des sources sûres, nous n'avons aucun espoir de revoir vivants ceux qui sont partis à Phnom-Penh, c'est-à-dire mon mari et mon père. Elle m'aide ensuite à ficeler mes affaires ; elle me serre dans ses bras pour me dire au revoir, les yeux humides, sans effusion de sentiments. J'aime beaucoup cette discrétion du peuple khmer, les Occidentaux le qualifient avec justesse de peuple du sourire, car la religion bouddhiste a marqué si profondément sa mentalité qu'un khmer ne laisse éclater que très rarement sa peine ou sa souffrance.

Je rejoins les deux hommes à la gare avec mes deux ballots de couvertures et de vêtements. Pour revenir à notre village, nous mettons trois fois plus de temps car nous avons à remonter le courant et, en plus, notre barque est chargée. Je suis assise au milieu de la barque sur un des sacs de riz. Le paysage paisible le long de la rivière, le clapotis de l'eau contre la barque, contrastent fortement avec le tumulte indescriptible de mon cœur et de mon esprit. Je viens d'avoir confirmation de la mort de trois personnes de ma famille : mon mari, mon père et mon frère. Je me doutais plus ou moins de ces disparitions, mais du doute à la réalité il y a tout de même un grand pas à franchir. Comment être convaincue de la mort des personnes aimées, sans avoir vu leur dépouille ?...

Ce fleuve reflète un peu la vie de chaque être humain. C'est vrai, dans la sagesse bouddhique, la vie s'écoule comme un fleuve, il suffit de se laisser entraîner, porter, par ce courant, il est formé par le karma de chacun, lui-même constitué par nos actes positifs ou négatifs antérieurs. Mais aujourd'hui, comme ma barque j'ai envie de remonter le courant. C'est fort stupide de ma part. Personne ne peut se révolter contre le karma. Un coup de pied du bébé dans mon ventre vient confirmer ma stupidité. Mais je sens bien au fond de moi-même que c'est un instinct de survie. Je ne peux plus accepter les choses telles qu'elles sont. Si je me laisse porter par le fleuve de mon karma, je me serai vite noyée dans le désespoir et le laisser-aller. Comme la barque qui n'est plus dirigée et qui va sombrer dans le tourbillon du fleuve en crue, se fracasser contre un tronc d'arbre ou la berge.

Dans le tourbillon de mon fleuve intérieur, l'amour que je porte à mon mari est mon seul gouvernail. Il est mort, emporté par la haine et la folie des khmers rouges, mais il reste deux souvenirs très précieux de cet époux mort à vingt-neuf ans : nos deux enfants. Selon la tradition khmère, les enfants sont là pour prolonger un peu plus la vie de leurs parents....

Me voilà qui parle de l'amour... C'est encore méconnaître les quatre nobles vérités enseignées par Bouddha. L'amour n'est rien d'autre qu'une forme d'attachement ; il est impératif de s'en libérer si l'on veut s'engager dans le chemin du milieu. Mais moi, à cet instant, c'est l'amour qui m'aide à vivre.

Nous arrivons à Prèk Chhik avec la nuit...

VII

Une révolte sans limite

Le lendemain, l'autorité de la coopérative m'accorde une journée de repos. Je pense que c'est en récompense de la montre, donnée en cadeau à l'un des hommes de la barque qui était tout simplement le vice-président de la coopérative. Ici, rien n'est gratuit. Il faut savoir nager dans ces eaux troubles.

Je profite de cette journée pour trier discrètement les papiers que j'ai récupérés chez ma tante. Le hasard fait que je tombe sur le testament de mon mari. Ce testament me fait l'effet d'une bombe. Il m'apprend qu'il y a une autre femme dans la vie de mon cher époux. Le coup est vraiment rude. Jusqu'à cet instant, j'étais sûre de son amour, fière d'avoir connu une vie heureuse dans un mariage d'amour. En Asie, les mariages sont toujours plus ou moins arrangés par la famille. C'est bien dans l'esprit bouddhique : un couple se construit plutôt sur la raison que sur l'amour, il faut bannir toute forme d'attachement. Tel n'est pas le cas de notre couple ; nous nous sommes connus sur les bancs de la faculté de droit, nous nous sommes choisis et nous avons décidé d'unir nos destins malgré l'opposition de mes parents.

Jusqu'à cet instant, c'était la confiance dans cet amour qui me soutenait dans les moments les plus durs. J'étais heureuse de pouvoir donner un autre enfant à mon époux, même s'il n'était pas là pour accueillir cette vie nouvelle. Combien de fois, quand je peinais ou que j'avais envie de me laisser aller, ce furent les souvenirs lumineux de notre amour qui m'ont aidée à tenir, de nos joies enfantines devant un paysage baigné du clair de lune à nos réussites dans la vie. La vie devient soudain un désert, « tout fout le camp » comme disent si bien les Français. Assise sur le seuil de notre misérable abri, je regarde l'eau du fleuve qui coule, qui coule...

En quelques mois, j'avais tout perdu : mon travail, ma maison, ma ville, mon milieu, mon frère, mon père, mon mari. Maintenant c'est au tour de mon amour pour lui. Une haine immense m'envahit. Certes, personne ne peut se baigner deux fois dans le même fleuve, son eau se renouvelle sans cesse. Mais mon fleuve intérieur ne charrie plus de fleur, ni même un brin d'herbe. C'est un fleuve noir de haine et de ressentiment au-delà de toute révolte... Ou même un fleuve desséché dans un désert immense...

« M'an, j'ai découvert un truc formidable ! »

Le cri de joie de Thira me ramène à la réalité. J'émerge tout doucement de mon magma de haine ; Thira est là, bien sale, une boule de terre à la main. Avec son air le plus sérieux du monde, il pose sa boule de terre devant moi . « Tu vois, m'an, c'est ça le truc formidable. Cette boule de terre, c'est mieux que tous les legos. Tu te rappelles, m'an, que tu as jeté mes legos ? Tu as été vilaine ! Maintenant, je ne t'en veux plus car j'ai trouvé un jeu meilleur. Tu vois ? avec cette boule de terre, je peux faire tout ce que je veux : un bœuf, une maison, un fusil, un poisson, vraiment tout, même toi, m'an. »

Je regarde mon petit bout d'homme, si fier de sa « grande » découverte. Je me dis que, lui, il ne mérite vraiment pas d'être victime d'actes dont il ne se souvient même plus. Combien sa joie est sincère, immense ! Comment expliquer à Thira que son immense joie n'est qu'illusion ? Alors qu'elle est un rayon de soleil qui illumine ses yeux, si souvent obscurcis par l'absence de son père ou par les incessantes vexations que nous devons subir chaque jour...

Tant pis ! Même si cette joie n'est qu'une immense illusion, je décide de faire tout ce que je peux pour la revoir le plus souvent possible sur le visage de mon fils. Le fleuve de haine qui me submerge devient une force, qui me pousse à ne pas baisser les bras, à lutter et à lutter encore : pour un petit sourire sur le visage de Thira. Je sens très bien que si moi, je me laisse aller au gré de mon karma, Thira ne va jamais pouvoir survivre.

Je prends mon fils dans mes bras et je jure intérieurement que lui, le bébé que je porte et moi-même, tous les trois nous allons vivre et vivre pleinement. Une sorte de nausée m'envahit quand je pense à ce destin qui nous écrase. À ce moment-là, je décide de prouver à ce destin que je ne suis pas une faible femme, cet être incapable et qui n'a même pas d'identité juridique selon la tradition khmère. Selon la tradition bouddhique une femme est un être inférieur à l'homme ; elle doit obéir aux hommes de sa famille sans se révolter, pour avoir un bon karma et se réincarner ainsi en homme à sa vie prochaine. Mais moi, je me moque de la prochaine vie. En cet instant, je ne garde plus qu'une seule conviction de toute mon éducation bouddhique : celle de trouver les moyens les plus adaptés, les plus utiles pour survivre. Pour acquérir ces moyens, j'ai besoin d'une force intérieure sans faille. Tant pis si cette force est une force de haine. Compassion ou haine, tout n'est-il pas illusion ?

Ce qui n'est pas illusion pour moi, c'est le sourire qui éclaire le visage de mon fils. Je dis bien pour moi, qu'importe ce que peuvent penser les grands maîtres bouddhistes. Ils peuvent bien se moquer de ma tête à me voir tomber encore dans ce chemin d'attachement. Peu m'importe !

Pour engager cette lutte de survie propulsée par une haine féroce, je ressens le besoin d'un témoin. Il me vient alors à l'esprit de prendre comme témoin « le Dieu des Occidentaux », « le Dieu de leur Bible ». Je ne sais pas si cet Être Suprême existe vraiment ou non, mais cela n'a aucune importance. J'ai décrété qu'il serait mon témoin, il le sera jusqu'à nouvel ordre. De toute façon, je ne peux pas prendre Bouddha, il n'est qu'un être humain. Il me faut quelqu'un à la taille de ma haine et de mes ressentiments. Le Dieu de la Bible est parfait : la tradition occidentale dit que Sa Puissance n'a pas de limite, qu'Elle remplit ciel et terre. Ma révolte aussi est sans limite, elle remplit ciel et terre. Dans mon silence, je ne suis que cri. Un cri qui hurle au monde entier.

Dans l'enfer khmer rouge du Cambodge je serai la plus rusée des femmes. On me condamne à partir sur le chemin de mort de la tristesse, je vais montrer avec toutes mes forces que je peux faire de ce chemin de mort un chemin de vie pour mon fils. Et j'ai un Témoin de taille pour m'applaudir sur ce chemin, le Dieu de la Bible. J'espère qu'il va bien remplir ses fonctions... C'est tout ce que je lui demande.

VIII

Une naissance en enfer

C'est un tournant dans ma vie, mais aussi un changement dans l'organisation du village. L'Angkar estime que, depuis sept mois, le peuple des villes a fait l'effort de « se recycler » et qu'il commence à marcher sur le chemin de la révolution. En effet, il ne possède plus rien. C'est maintenant au tour des villageois de prendre le chemin du renoncement à leur propriété. Chaque villageois possédant une maison est obligé, désormais, de la partager avec une famille venue de la ville, qui habitait jusqu'alors dans des abris de fortune. Tous les arbres fruitiers, le matériel de pêche et d'exploitation, le bétail, les animaux de basse-cour sont déclarés à leur tour « biens de l'Angkar ».

Pour la construction d'un Kampuchéa ultra-révolutionnaire, toutes les forces vives, toutes les personnes capables de travailler doivent être sur les chantiers. Il n'y a plus de cellules familiales ; chaque coopérative est une famille par excellence. Les tâches de cette grande famille vont être réparties selon la capacité de chacun. C'est ainsi que les femmes enceintes et celles qui ont des bébés de moins de trois mois se voient confier la tâche de faire la cuisine et d'autres travaux ménagers tels que la préparation des conserves de poissons, le décorticage du riz... Le repas est pris en commun à la cantine de la coopérative.

La présidence du village n'est plus confiée à un villageois, mais à un couple de population ancienne, c'est-à-dire la population de la forêt où la révolution khmère rouge a pris naissance et où elle avait son quartier général jusqu'à la victoire d'avril 1975. C'est la population des régions libérées par l'armée khmère rouge avant la prise de Phnom-Penh.

On imagine sans peine le mécontentement de nos paysans, jeunes ou vieux. Par contre, nous autres, gens de la ville, ne sommes pas si mécontents de les voir souffrir à leur tour. La plupart pensent que c'est simplement la roue du karma qui tourne... Quant à moi, j'estime qu'il est juste que ces gens, qui ont toujours assisté à notre malheur avec une certaine froideur, goûtent à leur tour ce qu'est la dépossession ! Oui, habilement, Angkar a monté une classe sociale contre une autre, chacune à son tour. À chaque séance de formation politique, le camarade militaire nous répète que nous autres, les gens de la ville, nous nous sommes rachetés de l'influence impérialiste par notre renoncement. Il nous faut maintenant surveiller nos camarades paysans afin qu'ils arrivent eux aussi à se racheter. Nous assistons à un renversement de haine. Avant c'étaient des paysans qui dénonçaient les gens de la ville, maintenant c'est le contraire... Je me garde bien de rentrer dans ce jeu idiot, même si mon cœur est rempli de haine. Par fierté, je me refuse à faire le jeu des khmers rouges, grands responsables des malheurs du pays.

L'ancien président du village, Ta Chhœun nous invite à aller habiter chez lui. C'est la plus grande maison du village construite sur pilotis, en bois, couverte de tuiles. Mon premier mouvement est de refuser cette invitation, car aller habiter chez quelqu'un va limiter encore plus le peu de liberté qui nous reste. Ma mère ne partage pas cet avis, elle trouve que notre abri commence dangereusement à vaciller, il est à la merci du moindre coup de vent, des gouttières percent un peu partout. Ma mère pense qu'il est plus raisonnable que je sois à l'abri des intempéries pendant mon accouchement. De plus, la maison de Ta Chhœun se trouve juste à côté de la salle commune, nous n'avons pas de chemin à faire pour aller manger. C'est aussi un très grand honneur d'être invitée dans la plus grande des maisons du village. Cet honneur est encore plus grand du fait que la femme de Ta Chhœun a le projet de demander la main de ma sœur pour son deuxième fils. Il est assez remarquable de voir que même dans le malheur, les femmes cambodgiennes sont assez ancrées à la vie pour continuer à intriguer pour « arranger les affaires de leurs enfants ». En khmer, le mot « mariage » se dit littéralement « arrangement des affaires ».

Nous nous installons donc début novembre chez Ta Chhœun. C'est une maison khmère classique formée d'une seule grande pièce sans aucun mur de séparation. La cuisine se réduit à un petit local sur la véranda. Je suis extrêmement surprise qu'il n'y ait pas de toilettes. On m'explique que nos paysans vont faire leurs besoins dans les rizières, ou tout simplement dans le fleuve à la saison des hautes eaux. La maison étant construite sur pilotis, en-dessous, c'est l'étable, elle est peuplée de huit bœufs. Le plus mécontent de notre déménagement, est mon fils Thira, tout simplement parce qu'il a peur des bœufs et que pour aller faire ses besoins, il lui faut chaque fois passer entre ces ruminants. Au début je l'accompagne, ensuite je lui dis qu'il doit s'habituer à ces bêtes, elles ne lui feront aucun mal, car elles sont au service de l'homme, même si cet homme n'est qu'un petit garçon comme lui.

Pour conjurer sa peur, Thira reste de longues heures à observer les bœufs par les trous des planchers. « M'an, me dit-il, je crois que les bœufs ont plus de chance que moi. Vois-tu, eux au moins ils n'ont pas de trajet à faire pour aller faire leur pipi ou leur caca. En plus, tu vois, ils mangent quand ils ont faim. Ils ont tout sur place. Ils n'ont pas à attendre le signal pour aller manger comme nous. Tu vois, j'aime bien celui qui est noir, il me regarde toujours gentiment quand je passe. Je l'ai touché, il ne m'a rien dit. »

Je lui explique alors que ces bêtes ne peuvent pas être comparées à nous, les hommes, car ce sont des êtres inférieurs, ils sont là au service de l'homme. Je lui raconte un conte populaire khmer intitulé « le tigre, le bœuf et l'homme ».

Un jour, à l'orée d'une forêt, le tigre observa longuement un bœuf qui travaillait sans relâche sous le commandement d'un homme. La docilité du bœuf intrigua beaucoup le tigre. À la pose de midi, l'homme alla manger à l'ombre d'un arbre et laissa son bœuf brouter l'herbe tranquillement. Le tigre décida alors de s'approcher du bœuf pour lui poser la question qui lui brûlait la langue :

– Mon ami le bœuf, je ne comprends pas pourquoi, toi qui es dix fois, vingt fois plus fort que cet homme, tu te laisses mener ainsi par le bout du nez ? Tu n'as qu'à lui donner un coup de pied ou de tête, et cet homme sera mort.

– Mon ami le tigre, cet homme que tu dis si fragile a une arme redoutable que tu ne vois pas, elle s'appelle l'intelligence.

Le tigre était si curieux de voir cette arme redoutable qu'il alla demander à l'homme de la lui montrer. L'homme lui a répondu que cette arme, il ne l'amenait pas tout le temps avec lui parce qu'elle avait beaucoup de valeur et que ce jour-là, il l'avait laissée à la maison. Le tigre supplia l'homme d'aller chercher son arme. Devant l'insistance du tigre, l'homme lui répondit qu'il irait bien la chercher à condition que le tigre accepte d'être attaché pour l'empêcher de manger son bœuf. Le tigre accepta la condition. L'homme attacha solidement le tigre, puis cette tâche terminée, il le roua de coups de bâton en lui disant que c'était cela son arme appelée intelligence. Cette mésaventure du tigre amusa tant le bœuf qu'il se mit à rire, jusqu'à perdre des dents de sa mâchoire supérieure.

Cette histoire amuse beaucoup Thira, qui rit de bon cœur. Chaque fois que j'arrive à ramener un peu de gaieté dans le cœur de Thira, je ressens toujours comme une victoire sur le karma, le destin. Je lui dis alors que cette arme, cette intelligence, lui aussi, il la possède dans sa tête et dans son cœur. Elle est très bien cachée ; c'est son père et moi qui l'avons mise dans son corps. Il faut qu'il s'entraîne à l'utiliser sans trop la montrer, comme l'homme du conte. Car cette arme est comme le chemin en terre battue qu'il emprunte chaque jour, pour aller chercher des escargots : s'il ne l'utilise pas, les mauvaises herbes vont pousser dessus et elle disparaîtra.

Je rentre dans le neuvième mois de ma grossesse. Ma santé devient très fragile. La carence en vitamines et les conditions de vie assez pénibles commencent à produire leurs effets. J'ai les pieds qui enflent considérablement, je marche avec beaucoup de peine. Nous avons déménagé chez Ta Chhœun pour être à côté de la salle commune. Mais une déception de plus nous attendait : les villageois ne veulent pas que « les nouveaux » mangent avec eux. On nous a donc expédiés dans un autre groupe, de l'autre côté du fleuve. Comme je peux à peine marcher, c'est ma mère ou Thira qui m'apporte le repas. Chaque matin, ma mère va travailler à la cantine de notre groupe comme cuisinière et Thira part ramasser les mauvaises herbes dans les rizières avec un groupe de gamins. Moi, je tresse des chaumes pour réparer les toits des abris ou je fais des nattes pour Angkar.

Les gens du village ne voient pas d'un très bon œil que Ta Chhœun nous ait hébergés. Selon la superstition khmère, une femme enceinte se trouve dans un état de malédiction pendant toute sa grossesse. On les appelle des « femmes à quatre yeux » ; il convient de les éviter et surtout de ne pas les héberger car l'accouchement est une aventure pouvant tourner au drame. Dans la langue khmère, accoucher se dit littéralement « traverser la mer ». Une femme sur deux peut mourir au cours de cette traversée. En dehors de ce péril de mort, chaque accouchement est l'occasion pour les esprits mauvais de se manifester, car ils sont assoiffés de sang et de la vie naissante. Ainsi existe-t-il tout un ensemble de rites pour purifier la mère.

Traditionnellement, après son accouchement, la femme doit rester une semaine alitée, au-dessus de la braise du charbon de bois et boire beaucoup d'alcool. L'accouchée est allongée sur un lit en fines lattes de bambou, d'une hauteur de quatre-vingts centimètres environ. Sous ce lit, on met trois cuvettes plates en terre où l'on fait brûler jour et nuit du charbon de bois. La chaleur du feu de bois et de l'alcool est censé brûler en elle tout ce qui est mauvais et l'aider à se refaire un corps neuf. Les femmes du village restent très perplexes en voyant que je ne me préoccupe ni du charbon de bois, ni de l'alcool. L'accoucheuse du village est une femme d'une soixantaine d'années, pleine de sagesse et assez ouverte. Elle a bien sûr entendu parler des techniques modernes d'accouchement, mais ne les a jamais pratiquées. Je suis arrivée à lui faire comprendre qu'il lui faut aseptiser les ciseaux avant de couper le cordon ombilical. La chaleur de l'eau bouillante tue les mauvais esprits qui pouvaient se mettre sur les ciseaux à son insu, or ces esprits seraient capables de toutes sortes de malédiction sur les bébés... Elle adhère assez facilement à mes explications, car en Asie, le feu est symbole de purification. On incinère les cadavres pour purifier le corps de l'homme et aider chacun à comprendre que l'individu n'est que le résultat d'un assemblage d'éléments à un moment donné.

Le 24 novembre 1975 vers 17 heures, ma fille naît. L'accoucheuse Mémé Plung a été formidable. Elle a suivi mot pour mot mes recommandations : les ciseaux ont été bouillis, elle a pris soin de bien se laver les mains... C'est vraiment une chance extraordinaire que l'accouchement n'ait pas eu de complications.

Au bout d'une semaine, je commence à aller aider à la cantine. Ma tâche consiste à trier les légumes et à préparer les poissons pour faire des conserves. Ce ne sont pas des tâches trop difficiles, c'est même un poste très recherché car on peut toujours mettre un bout de patate ou un poisson de côté pour les manger ensuite en cachette. Mais moralement, un vide extraordinaire s'installe en moi, je vis comme un automate. Il faut vraiment que je me concentre sur la survie de mes deux enfants pour avoir le courage de trier et de préparer légumes et poissons.

En ce début décembre, la saison de la pêche bat son plein. Les barques chargées de poissons accostent au quai du fleuve dès cinq heures du matin. Il faut vraiment s'activer pour préparer ces fruits de la pêche. Quand le sel manque, nous faisons fumer les poissons au feu de bois afin de les conserver.

Un matin, je suis là à surveiller les poissons sur la braise, quand Ta Chhœun, le président de la coopérative, vient s'asseoir à mes côtés. Il sort de sa poche deux petits bouts de patate qu'il enfouit dans la braise pour les faire cuire. Quand ils sont bien cuits il me tend un bout et se met à manger l'autre. Je prends la patate chaude dans ma main, d'un geste de la tête, Ta Chhœun me fait signe de me presser de la manger.

La bouche pleine, il me dit :

– Tu sais, les nouveaux présidents sont arrivés dans la nuit. Je ne sais pas ce qui va encore nous arriver.

– Comment sont-ils ?

Ta Chhœun me fait un grand sourire avec sa bouche édentée et me répond d'un air moqueur :

– Comme nous tous. Ce sont des êtres humains. Ils viendront sûrement à la cantine à midi.

Une barque de pêcheurs arrive, Ta Chhœun se lève pour aider à décharger les poissons. La pêche de la nuit a été excellente. Le soleil est déjà haut et je n'ai pas encore fini de préparer tous les poissons quand une odeur de parfum me fait me retourner. Une femme d'une quarantaine d'années se tient là, ma fille dans ses bras. Elle est habillée de noir avec une écharpe rouge autour du cou, les cheveux coupés courts bien coiffés. Le noir est le costume traditionnel des khmers rouges, mais c'est la première fois que je vois quelqu'un le porter avec une telle élégance. À coup sûr, elle a été une femme de la ville.

– Ta fille pleure depuis un moment, me dit-elle avec un sourire presque complice, tu ne l'as pas entendue ou tu fais exprès pour qu'elle se fasse les poumons.

Je ne dis mot. L'expression « se faire les poumons » m'inquiète beaucoup. Aucune paysanne n'aurait pensé à cela. Qui est-elle ? D'où vient-elle ? Soupçonne-t-elle mon origine ?

– Tu t'y prends très mal, pour préparer les poissons. Attends, je vais venir t'aider. La petite s'est calmée, je vais la reposer dans son hamac.

Elle revient avec un couteau et commence à m'expliquer « l'art » de préparer les poissons. Les plus petits, il faut les ouvrir avant de les écailler, les gros, leur donner d'abord un bon coup sur la tête pour les assommer avant de les ouvrir, ils gigotent moins ainsi. Quant aux anguilles, il faut aller les rouler dans les écorces de riz pour qu'elles ne glissent pas... Nous travaillons ainsi jusqu'à ce que le soleil soit bien haut. Nous allons toutes les deux nous laver au fleuve. Elle me regarde me laver soigneusement les seins avant d'aller allaiter ma fille.

– C'est remarquable tes mesures d'hygiène avant d'allaiter, tu devrais les apprendre à toutes les mères de la coopérative, nous aurons ainsi moins de mort infantile.

Je la regarde perplexe, ne sachant pas très bien comment prendre ses remarques. Qui est-elle ? Une chose est certaine pour moi, cette femme a vécu en ville et a fréquenté sûrement la société des « impérialistes ».

L'énigme n'a pas duré longtemps. Au repas à midi, j'apprends son identité. Elle s'appelle Mâm, épouse du nouveau président de la coopérative. Ce sont eux qui sont arrivés cette nuit, tous deux font partie du « vieux peuple ». C'est une femme très dynamique, toujours très gaie, complètement à l'opposé de son mari qui est un homme très timide, à l'air un peu idiot. Les bruits courent même qu'il est impuissant.

Tout le mois de décembre, je suis restée comme aide-cuisinière. Heureusement, car psychologiquement et physiquement, j'étais incapable d'effectuer un travail plus pénible.

L'année 1975 finit dans l'indifférence générale, il n'y a que des « impérialistes » qui fêtent le 1er janvier, le nouvel an khmer a lieu le 13 avril. Je ne peux m'empêcher de penser à tous ceux qui sont partis, à notre vie avant les événements, à tous les cadeaux qui ne sont pas là. Je regarde le dépouillement dans lequel nous vivons. Thira est couvert de boue du matin au soir. Le matin, il va à la rizière, avec des enfants de son âge, ramasser des brins de riz oubliés par les moissonneurs ; l'après-midi, il passe son temps à chercher des crabes ou des petites écrevisses dans des étangs et des mares. Ma fille a reçu le nom de Ratha (fille de l'État) de la part de maman Mâm, la femme du président de la coopérative. Selon la déontologie de l'Angkar, le président est le père de tout le monde et sa femme notre mère. Ce premier janvier si ordinaire m'enfonce encore plus dans la réalité absurde du camp. Je suis comme un oiseau à qui on a coupé les ailes, arraché de toutes les plumes. Tout ce qui constituait ma personnalité et le sens de ma vie jusqu'au 23 avril, tout s'est envolé comme par enchantement. Je me tourne souvent vers ce Dieu Témoin, sans trouver grand chose à lui dire, mais je lui lance un regard lourd de haine. Je le rends responsable de tout ce qui m'arrive. La haine, la colère me submergent tellement que je ne peux plus prendre la sagesse bouddhique comme appui. Je trouve que c'est complètement idiot de se dire responsable des actes dont on ne se souvient plus. Non, je ne veux plus endosser les conséquences des actes commis dans je ne sais quelle vie antérieure. Ce qui compte maintenant, c'est la vie d'aujourd'hui, celle de mes deux enfants. Quel avenir peuvent-ils avoir dans les conditions du camp ? La seule phrase que j'adresse souvent à mon Dieu témoin est :

« Tu ne m'auras pas.

Je te prouverai que je suis plus forte que toi ».

Cette phrase de révolte, comment l'adresserais-je à mon Karma ? Il n'est pas une personne. C'est un concept extérieur entièrement neutre, à l'égal du concept de table ou de chaise. Comment peut-on reprocher à une chaise d'être bancale ? Son état ne relève nullement de sa responsabilité...

IX

La requête du camarade Sakhœn

Avec le changement d'année, je change aussi de poste de travail. Les « sages » de l'Angkar trouvent que je suis capable d'effectuer un travail plus physique que celui d'aide cuisinière. On m'a donc affectée au « contingent » de décorticage du riz. Nous sommes six femmes, mères de bébés de un à deux mois, qui travaillons pour préparer le riz. Il faut arriver à décortiquer au moins trois sacs de 200 kg de riz chaque jour. Malgré l'effort physique important, nous n'avons pas trop à nous plaindre. Nous travaillons à l'abri des intempéries et surtout, on peut toujours mettre une ou deux poignées de brisures de riz à part, pour s'offrir des « extra ».

Je suis en train de trier du riz quand maman Mâm vient me dire qu'elle a à me parler, il faut qu'on s'isole un peu. Je la suis, très angoissée. Cela ne présage rien de bon.

Le village de Prèk Chhik se construit le long du fleuve ; derrière les maisons pousse une haie de bambous qui sépare le village du chemin de charrettes. Au-delà, s'étendent à perte de vue les rizières. Nous nous arrêtons en plein milieu du chemin, nous sommes ainsi à l'abri de toute oreille indiscrète. Je regarde maman Mâm en silence, je vois qu'elle est assez embarrassée, elle a l'air de ne pas savoir par où commencer. L'espace d'une minute, je vois ma fin arriver. D'une voix très douce, presque en chuchotant, maman Mâm commence à me parler :

– Hun, ce que je vais te dire doit rester entre toi et moi. Je sais que tu es la fille de M. Ky Sean Ho, j'ai reconnu ta mère. N'aie pas peur, je voudrais simplement te dire que tu trouveras en moi une amie. Car j'ai gardé un très bon souvenir de ton père.

Après un moment d'embarras, les yeux fixés sur les rizières fraîchement moissonnées, elle continue d'une voix à peine audible, comme si elle avait peur de troubler la quiétude de cet après-midi.

– Oui, j'ai connu ton père dans une circonstance de honte. À l'époque, j'avais à peine seize ans, mes parents m'ont vendue à un proxénète. Le premier jour de ma vie en bordel, on m'a amenée avec cinq autres filles dans une réception organisée par ton père au fond de la forêt. (Ces réceptions avec des filles de joie sont très courantes au Cambodge. Mon père avait l'habitude, comme tous les hommes d'affaires, d'organiser ces réceptions chaque fois qu'il recevait les fonctionnaires de l'Office de la Forêt pour l'inspection de son exploitation. Je suis donc très attentive, osant à peine respirer, ne sachant surtout pas où elle veut en venir). Les autres filles ont toutes été choisies par ses invités, j'étais donc celle qui revenait à ton père. Vu mon très jeune âge, ton père ne m'a pas touchée, il m'a simplement demandé de lui chanter des airs populaires. À ma grande surprise, le matin il m'a donné en plus un pourboire important. Comme toute pierre entraînée par le torrent, j'ai mené cette vie de fille de joie à Battambang-ville pendant une année. Mais je passais souvent devant la scierie de ton père pour remercier silencieusement cet homme qui m'avait respectée alors qu'il aurait très bien pu être le premier homme de ma vie. C'est comme cela que j'ai vu ta mère. Après deux ans de vie dans le bordel de Battambang, je suis rentrée dans mon village à Samlot, et c'est là que les khmers rouges nous ont enrôlés ; ils m'ont mariée à papa Khœun. Le but de ma conversation avec toi est de te mettre en garde. Je ne suis pas la seule à reconnaître ta mère. Sakhœun, le nouveau chef militaire de la coopérative l'a aussi reconnue. Quand il faisait ses études à Battambang-ville, il travaillait pendant ses vacances à la scierie de ton père.

Je ne fais aucun commentaire à ce que vient de me dire maman Mâm. Je pense à mon père, cet homme si intègre, qui n'avait pourtant rien fait pour tirer cette fillette de la prostitution. En vérité, cela ne m'étonne qu'à moitié. Car nous autres, les bouddhistes, nous sommes pleins de compassion envers l'autre mais nous laissons faire les choses. La preuve, mon père n'avait pas touché la fillette et lui avait même donné un bon pourboire, mais sans plus. C'est la passivité lourde devant l'injustice qui me révolte, quand aujourd'hui je suis moi-même baignée dans cette injustice. Là encore, je ne raisonne plus comme une bouddhiste... Pour un bouddhiste, comment peut-il y avoir l'injustice puisque tout est justifié par le karma ? Seul mon Dieu Témoin peut comprendre un peu cette notion de justice. Mais en ce moment, il n'est pas de mon côté puisqu'il n'arrête pas de m'envoyer des épreuves. C'est une lutte entre lui et moi. Aujourd'hui sa volonté a fait qu'il y ait des gens qui reconnaissent ma mère. J'ai quand même une chance dans ce jeu : celle de maman Mâm qui m'a prévenue... Ces gens qui ont reconnu ma mère ignorent encore que j'étais enseignante, l'une de ces intellectuels à éliminer.

Toute la journée et toute la nuit, je ne m'arrête pas de penser à ce que m'a dit maman Mâm. J'essaie d'imaginer tous les scénarios auxquels le chef militaire khmer rouge pourrait avoir recours, après nous avoir reconnus comme faisant partie de la haute bourgeoisie de Battambang.

Je ne pense pas qu'il ait envie de nous supprimer, nous ne sommes que des femmes et des enfants. Le risque le plus probable est qu'il vienne nous fouiller pour nous dépouiller du peu que nous avons encore en notre possession : bijoux et billets verts (dollars américains). Il ne se passe pas un jour, sans qu'un camarade ne tienne un discours de mépris envers les richesses « impérialistes » : maquillage, habits, bijoux, devises étrangères. La réalité est tout autre ; ces camarades de la forêt sont très friands de toutes ces richesses. Il y a ainsi un système d'échange très actif où les montres, les bijoux, les vêtements servent de monnaie contre les médicaments et les denrées alimentaires. De plus, le bruit court que ces camarades ne s'entendent pas très bien entre eux, chacun essayant de s'enrichir comme il le peut pour pouvoir aller finir ses jours tranquillement en Thaïlande. C'est grâce à cet état de choses que j'ai pu trouver quelques médicaments au moment de mon accouchement.

Le lendemain, ma mère et moi décidons de cacher nos bijoux et les dollars qui nous restent. Nous les mettons dans des sacs en plastique et les enterrons dans un carré de terre sur lequel se trouvent trois pierres qui servent de fourneaux pour faire bouillir l'eau. J'ai pris soin d'enterrer en même temps mes diplômes et ceux de mon mari, nos passeports et quelques papiers personnels. Au risque de ma vie, je refuse de me débarrasser de ces paperasses parce qu'elles sont les preuves irréfutables de mon identité avant l'arrivée des khmers rouges. Elles ont une valeur sentimentale inestimable.

Une semaine plus tard, le camarade chef militaire Sakhœun vient nous rendre visite. Ma mère et moi, nous le recevons dans la pièce unique où nous dormons tous les cinq. Nous n'avons vraiment rien d'autre que deux nattes, deux moustiquaires et trois vieux sacs de voyage. Le camarade a l'air gêné devant ma mère, il préfère s'adresser à moi. C'est un homme d'une trentaine d'années.

– Camarade Hun, je viens te voir pour te parler des besoins de l'Angkar.

Je l'écoute silencieusement en évitant de le regarder, de peur qu'il ne devine le dégoût, le mépris que je ressens pour lui. Je garde Ratha sur mes genoux.

– Dans la reconstruction du pays, Angkar a besoin de toutes les richesses que chacun de ses membres peut lui apporter. Je sais que ton père était exportateur de bois vers la Thaïlande, je viens te demander de contribuer à aider Angkar en lui donnant tous les billets verts que ta mère et toi possédez.

J'ai du mal, beaucoup de mal, à maîtriser ma voix, tellement je bous de colère. Ces salauds qui nous ont forcé à quitter notre maison, ils viennent maintenant quémander nos billets verts comme pour une œuvre de bienfaisance :

– Je veux bien faire tout ce que je peux pour aider Angkar. Mais ma mère et moi, comme toutes les femmes khmères, nous ne sommes pas au courant des affaires des hommes de la famille. Nous n'avons pas de billets verts. Par contre, nous avons quelques bijoux qui ne nous servent à rien, si cela peut aider Angkar, nous vous les donnons volontiers.

Je prends mon sac de voyage, et fouille devant le camarade pour sortir une boîte en argent où nous avons laissé des bracelets, des broches et d'autres bricoles qui ne sont pas en or, mais simplement des imitations. Pour la première fois, je le regarde. Les yeux du camarade chef militaire brillent autant que ces faux bijoux. Il se précipite, enveloppe la boîte dans son écharpe et nous quitte en nous affirmant que l'Angkar saura tenir compte de notre sacrifice.

Ma mère a très peur que le camarade chef militaire ne se rende compte de notre bluff. Elle a peur qu'il aille faire expertiser les bijoux. Je lui dis de ne pas s'inquiéter ; j'ai senti notre camarade bien trop content de les garder pour lui ; il ne publiera pas ce qu'il vient de faire en demandant une expertise. Intérieurement je suis contente de moi : j'ai ridiculisé un camarade khmer rouge. Je ne manque pas d'en faire part à mon Dieu Témoin pour qu'il applaudisse mon intelligence. Eh oui, la vie n'est qu'une pièce de théâtre et comme tout acteur j'ai besoin d'être applaudie !

Maman Mâm s'empresse de faire connaître à quelques-uns cet esprit de sacrifice de la famille Ky. Cette donation a le mérite, selon elle, d'effacer tout notre passé impérialiste. Nous avons fait un très grand pas sur le chemin de la purification. Je me demande toujours si maman Mâm croit vraiment à cet esprit de sacrifice, ou si elle joue tout simplement mon jeu. Je ne le saurai jamais.

Début février, nous avons la joie d'avoir la visite de ma sœur Poch. Elle a obtenu la permission de venir nous rendre visite deux jours avant de partir rejoindre un contingent de jeunes à une vingtaine de kilomètres de Mongkol Borey. Je suis heureuse de constater sa guérison et de voir qu'elle est affectée dans une région réputée plus riche que la nôtre.

Le 17 mars 1976, un peu avant le repas de midi, maman Mâm vient m'annoncer que j'ai de la visite. Deux camarades ouvriers sont venus de Battambang-ville pour me rencontrer. C'est vraiment une grande surprise pour moi de reconnaître Saly, dit le Français, un des anciens ouvriers de papa. On l'appelle le Français parce que ses cheveux sont décolorés, c'est une sorte de maladie qui atteint de temps en temps des bébés khmers. Saly est vraiment très bien habillé, pantalon et chemise noire avec l'écharpe rouge. Nous, à la campagne, nous n'avons pas encore l'honneur de porter ces habits. Saly est très surpris de me voir avec un bébé dans les bras. Je lui explique que j'étais enceinte au départ de Battambang et lui demande le but de sa visite. Il me tend un kilo de sucre, cadeau du camarade ouvrier à une mère. Il me dit qu'il a des nouvelles pour moi de la part de tonton Yim. Je vois que Saly a vraiment de la peine à s'exprimer. Je lui dis de ne pas avoir peur, car depuis mon départ de Battambang-ville, plus rien ne me surprend, je suis prête à tout entendre. Il commence à fouiller dans sa poche et me tend un petit paquet enveloppé dans un vieux journal. J'ouvre doucement et reconnais la montre que mon mari portait le jour de son départ à Phnom-Penh. Je regarde Saly qui s'obstine à tenir ses yeux baissés :

– Il est mort ? n'est ce pas ? Ne sois pas désolé Saly, je m'y attendais.

Du coup, Saly est libéré du poids qui l'oppresse. Il se met à me raconter ce qui s'est passé ce jour-là. Je l'écoute calmement comme s'il était en train de me narrer une histoire qui n'a aucun rapport avec moi.

– Je conduisais un des bus du convoi qui partait ce jour-là à Phnom-Penh. Ton père et ton mari, ainsi que Sameth (le garde du corps de mon père) n'étaient pas dans mon bus, mais dans celui de devant. À aucun moment nous ne nous doutions de ce qui allait arriver. À une trentaine de kilomètres du point de départ, à un endroit nommé O Taman, les soldats khmers rouges ont demandé à tout le monde de descendre, et ils ont tiré dans le tas. Les survivants furent achevés à coup de revolver ou de crosse. J'ai pris furtivement cette montre du poignet de ton mari pour te la ramener... »

Ainsi, ils sont morts, mon mari et mon père. J'en ai la confirmation. Je regarde la montre, le dernier objet qui a vu mon mari vivant. J'ai les yeux secs. Cela fait des mois que je ne pleure plus. Je rends la montre à Saly en lui disant qu'il peut la garder en souvenir de nous, et qu'elle lui sera plus utile à lui, camarade ouvrier, qu'à moi.

Maman Mâm vient inviter les deux camarades à manger à sa table de présidence. Je vois que Saly est gêné d'avoir tant d'honneur mais il n'ose pas refuser cette invitation. Ils repartent tous les deux en fin de soirée.

Je suis étonnée de mon attitude. Je suis presque soulagée de les savoir morts plutôt que vivants. J'espère seulement qu'ils n'ont eu ni l'un ni l'autre une agonie trop longue. Ce qui pourrait perturber leur départ vers une autre vie. Mais quelle autre vie, mon Dieu ? Je me surprends encore une fois à m'adresser à ce Dieu Témoin. Mon mari est mort à l'âge de vingt-neuf ans, sans avoir connu sa fille. C'est vraiment révoltant. Et Sameth, le garde du corps de mon père, comment expliquer sa fin tragique ? Mon père et mon mari avaient au moins une raison d'être tués, ils étaient des bourgeois. Mais Sameth, lui, n'était pas bourgeois, il était un simple ouvrier, père de trois enfants dont le dernier n'avait que trois mois. Sa femme, comment a-t-elle pris cette injustice ? Tout bêtement, je me mets à penser à la femme de Sameth.

Je sens monter en moi une rage folle de survivre pour pouvoir sortir mes deux enfants de cet enfer. Comment ? Je ne sais pas, mais je me suis jurée à moi-même et à mon Dieu Témoin d'y arriver...

En laissant ainsi la haine, la révolte s'emparer de mon être je sais que je suis en train de m'éloigner de la sagesse ancestrale de ma religion, de ma philosophie bouddhiste...

X

Survivre dans la rizière

Le 22 septembre 1976, mon petit frère Bon doit rejoindre le régiment des jeunes de douze à treize ans, situé à une dizaine de kilomètres de notre village. C'est un véritable déchirement, surtout pour ma mère. Les conditions de vie sont très dures dans ces régiments. Je crains fort que Bon ne puisse pas les supporter, lui, l'enfant gâté de la famille. Il n'a pas assez de force psychologique pour faire face à ce milieu hostile. Mais comme toujours, nous n'avons pas le choix... Bon nous quitte.

Après la période de la moisson, où nous avons pu manger à notre faim, les mois suivants ont amené tout un cortège de privations. Le stock de riz de la coopérative diminue chaque jour. Tous les matins nous voyons des barques chargées à ras bord de sacs de riz quitter la coopérative. On nous explique qu'Angkar centralise ainsi toute la récolte afin de pouvoir pratiquer la péréquation. L'Angkar fait bien de penser aux besoins de tout le pays, mais nos besoins à Prèk Chhik augmentent un peu chaque jour. À la cantine, nous ne mangeons que de la soupe de riz, elle s'éclaircit chaque jour jusqu'à devenir rapidement une sorte de boisson trouble. Chacun de nous maigrit à vue d'œil, exceptés les cadres de l'Angkar bien sûr. Mon fils Thira n'échappe pas aux règles générales. Il a très bien compris la leçon de « la mort du loup », car il ne réclame jamais rien. Je lui ai fabriqué une canne à pêche avec une tige de bambou, un fil et une épingle à nourrice. Cette canne à pêche est un luxe incontestable. S'il est facile de trouver une tige de bambou, le fil et l'épingle font partie des objets rares. Grâce à sa pêche Thira peut apporter à la famille un peu de protéines. Ce petit garçon travaille le matin pour Angkar, il a droit à une heure de cours politique au début de l'après-midi, puis il peut s'adonner à la pêche.

Je continue à allaiter Ratha mais je n'ai vraiment plus de lait. Dès que l'occasion se présente, je troque un bijou contre une ou deux bananes. Je les fais cuire et les émiette en purée pour donner à Ratha ; son frère bénéficie d'une moitié de banane de temps en temps.

Avec la pluie qui revient, les travaux de la rizière recommencent. Angkar a décrété que tous les gens valides doivent quitter le village et aller camper carrément sur le lieu de leur travail, afin d'éviter une perte de temps en trajet aller-retour. Une soixantaine de personnes sont désignées pour partir sur ce chantier de travail. Ma mère, Thira, Ratha (sept mois) et moi sommes sur la liste.

En plein milieu des rizières, sans aucun arbre, l'Angkar a construit deux dortoirs en paille, côte à côte : un pour les hommes, un pour les femmes et les enfants. Les conditions de vie sont exécrables. Nous dormons sur des planches de bois, posées à 30 cm du sol, juste pour éviter le ruissellement de l'eau de la pluie. Nous mangeons en plein air sous un soleil de plomb, sans aucune ombre pour nous protéger. Quand il pleut, c'est encore pire, nous piétinons dans la boue nauséabonde, car chacun fait ses besoins où il peut. L'hygiène est un mot inconnu de l'Angkar.

Je me fais un énorme souci pour mes deux enfants. Ma mère est comptée parmi les personnes âgées qui ont pour tâche la garde des enfants de moins d'un an. Pour Thira, le régime est le même qu'au village.

Nous travaillons sous les ordres d'une cheftaine khmère rouge qui s'appelle Takoun. C'est une petite femme de vingt-cinq ans, abominable avec les personnes du même sexe mais fort avenante avec les hommes. Je me dis qu'elle est sûrement une bouddhiste convaincue. Dans la croyance bouddhique, l'homme est plus près du Nirvana que la femme. C'est tout à fait normal que cette dernière lui doive du respect et de la considération.

Nous travaillons indifféremment sous le soleil et sous la pluie. Nos vêtements se mouillent et se sèchent sur nous. Nous repiquons du riz dans des rizières infectées de sangsues. J'ai une peur bleue de ces bestioles qui vous sucent le sang comme un vampire. Mais le regard rageur, et plus encore le fusil de la cheftaine Takoun, m'effraient finalement bien plus que les ventouses des sangsues.

La dysenterie et la fièvre jaune commencent à éclaircir rapidement les rangs. Personne n'a intérêt à simuler la maladie : si on ne vient plus travailler, c'est qu'on ne peut plus se lever, qu'on se trouve vraiment aux portes de la mort. La maladie, en effet, a comme conséquence immédiate la diminution de moitié de la ration alimentaire. La révolution khmère n'a que faire des bouches inutiles telles que celles des malades... Seule compte l'efficacité. Je suis très affaiblie ; à chaque averse, je grelotte comme une feuille. J'arrive à passer entre les mailles de la maladie grâce à quelques règles élémentaires d'hygiène ; je fais attention à ne pas boire n'importe où par exemple, et j'ai recours à quelques « extra » que je paie au prix fort. Les chefs khmers rouges sont très friands d'or, nous arrivons ainsi, par des filières très compliquées, à troquer des bijoux contre du sucre de palme ou des bananes.

Ces conditions de vie ne font qu'exacerber ma révolte et ma colère. Contrairement à la plupart de mes camarades d'infortune, je ne me sens pas désespérée. Je suis en colère, révoltée. Vraiment rien ne va plus. Je n'ose pas regarder le paysage magnifique mais indifférent au sort de ces loques humaines couvertes de vermine. Les poux nous mangent la tête et les sangsues les jambes. Je me traîne au travail. Mon regard ne se porte jamais plus haut que mes pieds ; il est comme tourné à l'intérieur de mon être.

Heureusement pour moi, j'ai trouvé deux échappatoires pour écouler mon trop-plein de souffrance et de haine.

Le premier consiste à écraser des sangsues avec un caillou. Le fait de tuer ces sales bêtes me calme. Mes compagnons se contentent de les jeter hors de l'eau. Dans le Bouddhisme, on ne tue pas des êtres vivants. En fait, je ne me satisfais pas de tuer les sangsues en imagination je tue aussi Takoun, la cheftaine, et tous les imbéciles de la terre...

Le second échappatoire est mon cri intérieur vers ce Dieu Témoin que j'appelle le Dieu des Occidentaux et que je charge de tout le malheur qui m'arrive...

Élevée dans le bouddhisme Thérévada, il ne m'est jamais venu à l'idée de formuler une prière de demande envers qui que ce soit. Le Dieu des Occidentaux est tout simplement un bouc émissaire. Ce Dieu est un coupable que j'ai trouvé pour « justifier » mes malheurs. C'est sur lui que je passe mes colères, toutes mes colères, les justifiées et les absurdes. Quand la cheftaine me gifle sans aucun motif, je maugrée contre ce

Dieu ; quand on m'envoie travailler sous la pluie alors que je grelotte de fièvre, j'insulte ce Dieu...

Et le temps s'écoule, lentement, rythmé par le jour et la nuit, cadencé par la pluie et le soleil. Durant toute cette période de ma vie, il n'y a que deux êtres qui retiennent vraiment mon attention, mes deux enfants. Les autres ne sont que des êtres transparents à travers lesquels passe mon regard. Pour éviter que les poux ne mangent trop la tête de Thira et Ratha, je leur ai rasé le crâne. Avoir le crâne rasé est un luxe qu'un adulte ne peut pas s'offrir, car nous pensons que notre chevelure nous protège une peu de l'insolation.

La saison des pluies est maintenant bien avancée. Les travaux de repiquage terminés, nous avons la permission de réintégrer le village. C'est vraiment une joie immense de retrouver le fleuve, les arbres fruitiers avec leur ombre, le chant du coq, le caquetage des poules et des poussins. Le nombre des volailles est recensé par la présidence de la coopérative, la population de la basse-cour est classée bien commun. Mais rien n'empêche que les poules égarent leur ponte, qu'elles n'aient que trois poussins au lieu de six, qu'elles meurent d'accident ou de vieillesse. La bienveillance de maman Mâm a permis à ces volatiles d'avoir tous les accidents possibles. J'ai troqué une chaîne en or contre deux poules que je confie à Thira. Ce dernier veille sur ces poules avec beaucoup de bonheur, surtout quand il a compris qu'il peut les aider à égarer leurs œufs, et que les poussins peuvent avoir des accidents comme tout être vivant...

Maman Mâm nous a attribué une paillote à côté de chez elle. Après deux mois dans le hangar où chacun n'a de la place que pour étendre sa natte en se couchant, la dotation d'un petit chez soi est vraiment un luxe. Vivant juste à côté du président du camp, je suis du coup moins épiée par les « espions » du village, car nous sommes censés être surveillés par le président lui-même. Je suis sûre que maman Mâm sait très bien ce qu'elle fait, et qu'elle veut nous donner tout cela pour remercier mon père de sa délicatesse, lors de cette fameuse réception de la forêt.

Apprenant que mon petit frère est tombé gravement malade, j'ai donc mis maman Mâm à contribution en lui demandant l'autorisation d'aller le chercher et qu'il puisse passer quelques jours à la coopérative. Cette faveur a été accordée sans difficulté ; pourtant les responsables des coopératives n'aiment pas avoir de bouches supplémentaires à nourrir.

Autorisation en poche, je prends la route du camp des jeunes à une heure de marche du village, dans une ancienne pagode. J'entre dans l'enceinte de la pagode, le cœur serré par une angoisse indéfinissable, mais la magie du lieu ne manque pas de me saisir l'espace d'un instant. L'allée centrale ombragée me rappelle combien ce lieu était un lieu de calme, de paix, un lieu où les bouddhistes venaient dans le temps pour bénir les trois joyaux de leur croyance : le bouddha (l'Éveillé), le dharma (son enseignement), et le sangha (la communauté des bonzes)... Je réagis en chassant très vite de mon esprit ces souvenirs nostalgiques qui ne procurent rien de bon, si ce n'est d'affaiblir mes capacités de survie. Je fais abstraction des chants d'oiseaux, des jeux d'ombre et de lumière formés par les feuillages épais des manguiers et d'un banian géant. J'accélère mes pas, je cours presque vers le temple central qui sert de poste de commandement.

Trois camarades noirs sont là en train de jouer à une sorte de jeu d'échec. Je leur tends mon autorisation. Un des trois fait semblant de le lire, le pose à côté et se remet à jouer comme si je n'existais pas. Une envie folle de donner un coup de pied à chacun de ces soldats gamins m'envahit. Je fais un effort surhumain pour rester calme. J'attends ainsi un certain temps... Au bout d'un moment, celui qui semble être le chef daigne enfin me parler :

– Ah oui, tu viens chercher le cadavre de ton frère. Vas-y, c'est dans le local de droite. Emmène-le, cela nous fait un de moins à enterrer...

Quel mépris dans sa voix ! Pour ce gamin, l'être humain n'a pas plus de valeur qu'un objet, qu'un chiffon dont on se débarrasse du bout du pied. L'envie me vient de tordre le coup à ce gamin soldat, histoire de lui montrer combien la vie est précieuse. Mais l'instinct de survie me retient et puis, après tout, Bouddha n'a-t-il pas dit que tout n'est qu'illusion... Encore que moi, je ne croie plus à la sagesse de l'illusion depuis que j'ai commencé à mesurer l'ampleur de la souffrance... Sans un mot, je sors du poste de commandement.

Le local de droite est une infirmerie. Je ne sais pas quel est le rigolo qui a pu écrire le mot « infirmerie » à la porte de ce local car le spectacle est vraiment désolant. Ce n'est pas une infirmerie mais un mouroir. Les jeunes malades sont couchés misérablement sur le plancher ; certains gémissent, d'autres ne bougent plus. J'ai beaucoup de peine à retrouver et à reconnaître mon frère. Il est enflé de la tête aux pieds, ma première réaction est de le prendre pour mort, comme le prétend le gamin soldat noir. Mais je m'assois doucement à ses côtés et je décèle sa respiration. Je lui touche doucement le front, il ouvre les yeux, me reconnaît et se met à pleurer. Je lui chuchote de ne pas pleurer, il faut au contraire rassembler toutes ses forces pour se lever, et marcher jusqu'au village. Je l'aide à se lever et le porte presque pour quitter l'enceinte de la pagode. Chaque mouvement lui fait très mal... Tant qu'on n'est pas assez éloigné de la pagode, j'ai très peur que les gamins soldats ne changent d'avis et jugent tout d'un coup que mon frère n'est pas assez mort pour quitter le camp.

Quand la distance parcourue est assez grande pour nous mettre à l'abri des caprices des gamins soldats, j'accorde un petit repos à mon malade. Je l'aide à se coucher à l'ombre d'un palmier et lui donne un petit carré de sucre de palme pour le remonter. Pendant que mon frère savoure son bout de sucre, je ferme les yeux pour goûter un petit repos après mon gros effort physique et psychologique. Je m'adresse tout naturellement à mon Dieu Témoin :

– Tu veux encore prendre la vie de mon frère ? Moi, je te dis que je ne te le permettrai pas. Tu verras que j'aurai le dernier mot. Parole de femme...

Oui, je ne veux pas que mon frère meure. Je fais tout ce que je peux. À la coopérative, il n'est toléré que grâce à Maman Mâm ; il ne peut pas prétendre à la même ration que les membres travailleurs ; il n'a droit qu'à la moitié de la ration alors que son état nécessite une alimentation normale. J'ai donc troqué, à des prix exorbitants, du riz, du sucre, des fruits. Je cherche aussi, discrètement, des antibiotiques et des vitamines. Finalement, j'ai pu avoir des ampoules injectables de pénicilline et de vitamine C. Après deux piqûres de pénicilline, l'état de mon frère s'améliore considérablement. Il commence à désenfler. Je ne manque pas de le faire remarquer à mon Dieu Témoin.

La vie continue, malgré les coups durs de tous les jours. Je me sens chaque jour plus « solide », plus équilibrée dans ma tête, grâce à l'échange continuel avec le Dieu des Occidentaux.

Pendant la morte saison, celle où le riz pousse tout seul sans nécessiter d'autres soins que de guetter la pluie, l'Angkar décide de former dans la coopérative une unité de fabrication d'engrais biologiques. Ma surprise est grande d'entendre citer mon nom pour cette unité. Elle est composée de quatre femmes et d'un homme, et placée sous la direction de Takoun, la cheftaine khmère rouge, connue pour sa dureté vis-à-vis des femmes.

Cette unité est tellement d'avant-garde que le jour de son lancement, une réunion générale de la coopérative est programmée. Takoun, notre chef, nous appelle un par un pour nous présenter à toute la coopérative en demandant qu'on nous applaudisse. Selon Takoun nous sommes des camarades exceptionnels qui vont fournir à la coopérative le moyen d'améliorer sa récolte de riz grâce à notre engrais biologique, fabriqué selon les moyens révolutionnaires de l'Angkar. Je suis très perplexe et extrêmement angoissée ; serait-ce mon propre corps qui va servir d'engrais pour les rizières ? Mais ma peur s'envole quand Takoun demande à maman Mâm de réserver pour nous cinq une table à part dans la cantine. Les cadavres ne mangent pas !

L'unité de fabrication d'engrais s'est vue attribuer une charrette et deux bœufs. La première réunion de travail me fait tomber des nues. Je ne m'attendais pas du tout à une telle technique, elle est vraiment très révolutionnaire !

L'engrais naturel se fait à partir des excréments humains. J'avais pensé que le mot hygiène était inconnu de l'Angkar, voilà que maintenant je tombe en plein dans l'hygiène révolutionnaire. Elle s'avère utilitaire...

Nous devons d'abord construire sept cases servant de w.-c. pour toute la coopérative. Ce sont des cases très sommaires, d'environ un mètre carré montée sur pilotis ; au-dessous on met une caisse en bois munie d'un long manche de chaque côté, pour récupérer les excréments. Au coin de la case se trouve un bidon rempli de cendres récupérées à la cuisine commune. L'utilisateur doit mettre une noix de coco de cendre sur ses excréments. Deux fois par semaine, l'unité de fabrication fait le tour des w.-c. pour vider les caisses dans la charrette. Nous les transportons sur un terrain en terre battue assez loin du village pour étaler et faire sécher au soleil cette « récolte ». Quand tout est bien sec, nous mélangeons avec de la terre à raison de moitié et nous stockons cet engrais dans un hangar. L'engrais révolutionnaire sera répandu dans les rizières lors du labourage.

Ce travail est très répugnant, mais assez reposant physiquement. À part l'effort fourni lors de la vidange des caisses et l'écœurement éprouvé à chaque étalement sur le terrain, c'est du repos. Nous faisons la sieste à l'ombre des palmiers en attendant l'heure du repas, mais nous n'avons pas l'autorisation de manger avec les autres. En effet nous provoquons une sorte de répulsion chez certains imbéciles qui ne nous adressent plus la parole et refusent de nous côtoyer. Pour eux, nous sommes tout simplement des excréments. Nous devons manger après.

S'il y a une chose que l'Angkar craint, c'est bien l'oisiveté. Takoun est toujours avec nous pendant ces moments de repos. Elle nous parle de sa vie de révolutionnaire qui n'a rien de très passionnant ! Elle est si conditionnée, si endoctrinée, que ses propos ne reflètent qu'une propagande communiste hors du temps. Cette femme est incapable de penser par elle-même. Mes compagnes d'infortune commencent à se laisser entraîner dans la conversation de Takoun, par ennui et aussi par désir d'entrer dans ses bonnes grâces. Quant à moi, je continue à maintenir la distance par méfiance bien sûr mais surtout par haine. La théorie de cette révolution noire, teintée d'un marxisme que Marx lui-même ne comprendrait pas, provoque en moi une nausée aussi violente, sinon plus, que l'étalement des excréments.

Ce mutisme extérieur est compensé par un bavardage intérieur exubérant avec mon Dieu Témoin. Je lui dis n'importe quoi, tout ce qui me passe par le cœur, par la tête, sans jamais chercher à arranger mon discours ni mon image. Je lui demande par exemple ce qu'il pense de mon désir de tordre le cou à Takoun, de faire rouler son corps dans du sucre de palme et de le donner à manger aux mouches qui tournent au-dessus de notre étalage. Pense-t-il vraiment que ses créatures de mouches vont se régaler de ce festin ou aurait-il une autre recette à me conseiller ?...

Si je disais ne serait-ce qu'une bribe de tout cela à mes amis bouddhistes, ils estimeraient que je suis en train de perdre la raison, et feraient tout pour m'aider à me ressaisir. Personnellement, j'étais consciente d'être un peu folle. Mais si cette folie me permettait d'avoir un petit sourire intérieur, elle était la bienvenue dans mon cœur et mon corps meurtris. Pour quel principe aurais-je refusé un baume magique s'il calmait mes blessures brûlantes ?... Illusion ?

Au fil des jours, je vois naître dans les yeux de Takoun, un sentiment très peu révolutionnaire. Elle est entrain de tomber amoureuse de l'homme du groupe, Sâk. Il faut reconnaître que ce dernier n'est pas trop mal fait. Sa femme vient de mourir de folie, il y a deux mois. Le sentiment si peu révolutionnaire de Takoun nous a valu beaucoup de douceur dans notre menu journalier, par l'ajout de fruits et gâteaux. Je profite de cette aubaine pour recharger mon pauvre corps en vitamines. Au fur et à mesure que je vois grandir ce sentiment de femme, si ordinaire dans le cœur de Takoun, une envie folle de mettre un barrage à ce flot d'amour m'envahit.

Je promets alors à mon Dieu Témoin le spectacle d'une pièce inédite jouée sur un tas de merde. Le drame de cette pièce est vieux comme le monde. Je vais tout mettre en œuvre pour séduire Sâk et faire tomber Takoun dans le feu de la jalousie, dans l'enfer d'un amour inassouvi. Il ne me faut pas beaucoup de temps pour mettre en place ce jeu un peu idiot.

Logiquement, Sâk ne peut que me préférer à Takoun, nous sommes du même peuple nouveau et physiquement Takoun ne peut en aucun cas se comparer à moi ; sans parler de l'intelligence ! Mais Sâk ne me connaît pas. Je me garde bien de lui révéler mon identité exacte, il sait simplement que je suis une femme de la ville, fille d'une famille très bourgeoise de Battambang. La richesse ou l'appartenance à une haute échelle sociale suscite toujours le respect inconscient des autres : ils pensent que c'est le bon karma qui donne ces avantages.

Je me réjouis de voir Takoun se brûler au feu de l'amour. Pour une fois ses théories révolutionnaires ne lui donnent aucune recette contre un mal. Je ne me sens nullement coupable de sa souffrance. La sagesse bouddhique a bien dit que celui ou celle qui se risque sur le chemin de l'amour va droit dans l'ignorance, porte ouverte à toutes sortes de souffrances... Tant pis pour elle !

Après un mois de ce jeu d'amour et de jalousie, j'ai l'honneur d'être convoquée par maman Mâm. Elle me fait part du désarroi de Takoun de voir Sâk dédaigner ses avances et préférer délibérément la compagnie d'une pauvre comme moi, à celle d'une femme de pouvoir comme elle. Pauvre Takoun, elle a décidément beaucoup à apprendre de la vie. Elle ignore aussi les liens secrets entre maman Mâm et moi. Je ne fais aucun commentaire au discours de maman Mâm. Cette dernière clôt l'entretien par les recommandations suivantes :

– Toujours en souvenir de ton père, je me permets de te donner un conseil d'amie. Si ton cœur penche pour Sâk, dépêche-toi de demander l'autorisation à l'Angkar de vous marier. Car Takoun est capable pour se libérer de toi, de demander à un soldat mutilé de guerre de te choisir comme femme. Il faut que tu la prennes de vitesse. Tu sais, la jalousie peut pousser une femme très loin...

Après cet entretien, j'ai beaucoup réfléchi à ce mariage possible. Maman Mâm a parlé de mon cœur, mais elle ne sait pas que ce cœur est glacé depuis que je vis dans cette coopérative de malheur. Les seules mesures sincères qu'il est encore capable de battre sont pour mes deux enfants. Je fais part, bien sûr, de tous ces problèmes à mon Dieu Témoin, mais je n'attends aucun conseil de sa part. Ce n'est pas son rôle. Je n'attends rien de lui. Dans cet enfer de merde, je tiens à être seule responsable de mes décisions. Si j'ai réfuté le pouvoir du Karma, cette comptabilité absurde des actes bons et mauvais, ce n'est pas pour donner un pouvoir à ce Dieu, non.

Au bout d'une semaine de réflexion, je décide de parler à Sâk de ce mariage. Il est enthousiasmé de pouvoir échapper à Takoun. Nous posons donc notre candidature au mariage auprès des autorités khmères rouges. Trois jours après l'autorisation est donnée.

En fait, ce mariage n'a rien changé dans ma vie. Nous sommes simplement autorisés à vivre dans la même case. Quant à la vie sexuelle, nous sommes restés très chastes car les conditions de vie ne sont guère propices à des désirs.

Au bout de six mois de fabrication de l'engrais naturel, l'Angkar a abandonné le projet. Nous voici libérés de ce travail ingrat. Nous retournons à l'occupation habituelle, faite de travaux des champs et de terrassements.

XI

Une paysanne expérimentée

Je fais partie d'un contingent d'hommes et de femmes dénommé « force première de la révolution », toujours prêt à partir travailler loin du village. Cette nomination est simplement due à ma santé, car malgré la famine et le manque d'hygiène, je n'ai jamais été malade pendant ces deux années. Je pense que la haine, au lieu de m'anéantir, m'a donné l'énergie nécessaire.

Chaque matin, nous sommes une vingtaine de femmes et autant d'hommes à partir travailler à une heure ou deux heures de marche du village. Grâce à la jalousie de Takoun, Sâk et moi ne sommes jamais dans le même lieu de travail. Cette situation ne me dérange pas du tout. Ce mariage « arrangé » a simplement pour but de faire souffrir Takoun. Les femmes de la coopérative ne manquent pas une occasion de railler la pauvre Takoun, la cheftaine toute puissante, qui se laisse devancer bêtement par une femme de la ville, une « impure ». Selon les règles de la révolution, Takoun ne peut plus faire les yeux doux à un homme marié. L'adultère est puni très sévèrement par l'Angkar. Je me réjouis énormément de cette situation cocasse et ne manque pas de me féliciter auprès de mon Dieu Témoin de la réussite de mon plan de vengeance.

Après deux ans d'apprentissage, je suis devenue une paysanne expérimentée. Les sangsues ne me font plus peur. J'organise mon travail systématiquement, carré par carré. Pour le repiquage, je calcule les bottes de pousses nécessaires pour éviter une perte de temps. J'arrive ainsi à terminer ma tâche avant les autres pratiquement tous les jours. Je profite du temps libéré pour aller chercher des plantes aquatiques afin d'améliorer notre potage de riz. Ces plantes sauvages constituent les seuls légumes de notre menu.

Un jour, la cueillette est excellente. J'emballe mes légumes dans le krama, une sorte d'écharpe que nous avons toujours sur nous. Sur le chemin de retour, je m'arrange pour rester en queue de colonne afin d'éviter d'avoir des bruits de pas derrière moi, et de profiter ainsi du silence de paix du crépuscule qui tombe. Je marche avec des petits pas rapides pour prévenir la glissade, mes légumes bien arrimés sur la tête. Ce jour-là je me sens heureuse en pensant à la joie de mes enfants quand ils vont me voir arriver avec cette bonne récolte. Je me sens stupidement fière de moi-même, fière d'être capable de me débrouiller dans ce milieu hostile. Tout naturellement, je partage cette fierté avec mon Dieu Témoin. Je lui dis :

« Tu vois que malgré les circonstances difficiles, malgré la haine, la violence, je suis toujours en vie et mes enfants aussi. N'es-tu pas épaté par toutes ces forces intérieures qui m'animent ? Rappelle-toi ce que je t'avais dit au début de notre rencontre ! Je t'avais dit que je survivrais malgré tout, malgré ta volonté même...Tu vois cette excellente récolte ? Je pense que j'ai droit à tes félicitations maintenant. »

Tout bêtement, je me tais et j'attends ses félicitations... En fait, je ne sais pas ce que j'attends vraiment.

Le silence est total, troublé seulement par le bruit de mes pas. Mais il se dégage de ce silence une quiétude profonde. Il se passe quelque chose, comme si mon cœur s'était enfin réconcilié avec lui-même, après tant de trahisons, tant de haines, tant de vengeances.

Je lève la tête et vois le paysage magnifique baigné par les derniers rayons du soleil couchant. Le mont Svay se profile à l'horizon, si proche, mais si lointain. Cela fait des mois et des mois que j'évite de contempler cette montagne. Elle me rappelle trop, beaucoup trop, les souvenirs heureux d'une autre vie, une vie sans soucis où tout m'était donné. J'associe toujours le mont Svay avec nos escapades à Bangkok dans des hôtels de luxe, parce que la route de la frontière thaïlandaise passe juste à côté de cette montagne. Mais ce soir-là, mes souvenirs me font moins souffrir, comme s'ils m'accordaient un état de grâce. Par contre, je me sens saisie toute entière par la beauté du paysage et le silence... Ce silence est si étrange ! Je ne le ressens pas seulement comme une absence de bruit mais comme une absence habitée.

Ce silence fait jaillir un timide merci de mon cœur vers ce Dieu, soi-disant créateur de toute chose. Je le remercie tout simplement d'avoir créé ce pays plein de poissons, de crabes, d'escargots, de rats des champs, nos sources de protéines. Je le remercie pour toutes ces plantes aquatiques, nos seuls légumes. Je le remercie surtout d'avoir accepté d'être ce Témoin, cet interlocuteur silencieux qui m'accompagne dans mes coups de colère, dans mon esprit de vengeance dérisoire, dans ma hargne de survivre. Sa compagnie silencieuse mais précieuse m'a sauvée de la vraie folie, m'a aidée à tenir à peu près la route dans ce monde de violence gratuite, où chacun se méfie de l'autre, où « le jeu de la survie » ne laisse aucun répit à l'acteur.

Je ne sais pas ce qui se passe vraiment ce soir-là, sur mon chemin de retour. J'ai l'impression de redevenir meilleure, la haine et le ressentiment étreignent moins mon cœur. J'ai l'impression qu'une corde inconnue jusqu'ici, vient de vibrer dans ma vie. J'ai la nette impression de ne plus être seule à faire face... Ne plus être seule !...

Est-ce cela la libération de toute chose dont parle Bouddha ? Suis-je donc enfin de retour sur le « chemin du milieu » ? Aucune idée...

Une chose est certaine, c'est que je suis loin d'être une bouddhiste résignée, parce que je ne peux accepter de penser et de croire que mes malheurs ne sont que les fruits d'un mauvais karma. J'ai toujours crié ma colère, ma révolte, ma haine de toutes mes forces. Et quelqu'un était là pour m'écouter, et ce quelqu'un est peut-être encore là pour recevoir un merci simple et sincère de mon cœur. Je ne fais aucune investigation philosophique ou religieuse, c'est simplement un constat. Je vérifie qu'avoir des conversations avec mon Dieu Témoin me fait du bien.

Le fait que je redevienne capable d'admirer la beauté de la nature, capable de redire merci, un mot banni de mon vocabulaire depuis deux ans, merci, à son créateur probable, me libère d'une prison intérieure.

Depuis ce-soir là, je suis devenue une autre femme le regard moins chargé de haine. La faculté de me moquer de moi-même me revient petit à petit. Je regarde avec un peu plus d'attention tout ce qui se passe autour de moi, sans crier chaque fois à l'injustice. J'encaisse mieux les coups durs intérieurement. Mon entourage pense que j'ai changé à cause du mariage. Seul mon Dieu Témoin sait combien je me moque de Sâk. Notre mariage a toujours le même but précis, faire souffrir Takoun.

Cette libération intérieure fait que je prends part volontiers à des conversations. J'arrive à plaisanter ou parfois même à rire avec mes compagnes d'infortune.

Pendant les deux mois de la moisson, nos conditions de vie s'améliorent chaque jour. Notre soupe s'épaissit au fur et à mesure que la récolte avance. En se retirant la rivière nous laisse beaucoup de poissons. La surveillance des khmers rouges semble se relâcher sensiblement pendant cette période. Souvent le soir, après le travail, nous nous réunissons autour d'un feu de bois pour nous raconter des contes, des légendes du pays. Mes compagnes aiment bien que je leur raconte des épisodes de Ramayana[1]. Quand j'ai épuisé mes connaissances en Ramayana, je leur raconte *La Princesse de Clèves* en prenant soin de khmériser les noms des héros. Ce roman de Mme de Lafayette a bien plu à mes compagnes, car la lutte entre l'amour et le devoir a une connotation cambodgienne.

Personnellement, ces séances d'évasion me font beaucoup de bien. Le fait de faire revivre *Mme de Clèves*, même en khmérisant son nom, me relie un peu à un autre monde, à une autre civilisation où le mot « liberté » s'accorde peut-être avec « réalité »...

---

1. Le Ramayana est une épopée brahmanique relatant les aventures terrestres d'un avatar de Vishnu, Rama. Rapa, incarnation de l'esprit du mal, a volé la femme de Rama. Ce dernier a levé une armée de singes pour aller délivrer sa femme prisonnière. Cette belle histoire d'amour et de vengeance, émaillée de nombreuses scènes colorées et pittoresques, est très populaire au Cambodge. On trouve même des épisodes de cette épopée sculptés sur les bas reliefs d'Angkor Vat. Avant d'adopter le bouddhisme, le Cambodge a été sous l'influence du brahmanisme.

XII

La ration des malades

La vie continue... Un changement s'opère dans les rangs des khmers rouges. Maman Mâm, son mari et Takoun sont mutés ailleurs. Du jour au lendemain, nous voyons arriver d'autres visages.

La présidence du village est assurée par un couple d'une trentaine d'années, parents de trois enfants. Je vis le départ de maman Mâm comme la perte d'une alliée. Je ne pense pas pouvoir en retrouver une autre dans la personne de la nouvelle présidente. Mais le hasard a voulu que les choses s'arrangent positivement pour moi.

Une semaine après son arrivée dans la coopérative, la présidente souffre d'une maladie honteuse, la syphilis. Aucun médicament traditionnel n'est parvenu à la soulager. L'infirmière de service a essayé toutes les racines et tous les mélanges possibles sans aucun résultat. Je vois la souffrance de cette femme comme une injustice, je n'arrive toujours pas à m'habituer à la souffrance en attribuant sa cause au karma. De toute façon, je pense qu'elle ne peut quand même pas attraper cette maladie toute seule, car toute femme cambodgienne est très fidèle à son devoir conjugal. Dans un moment d'inconscience, je décide de lui parler de la pénicilline. Une ampoule injectable de pénicilline coûte trois kilogrammes de riz. En tant que présidente de la coopérative, elle n'aura aucune peine à se les procurer. Par contre le risque est énorme pour moi, je me dévoile comme une femme au courant de la pratique des impérialistes, telle que la piqûre. Mais depuis que je me sens libérée d'une prison intérieure, il arrive que je sois portée par un optimisme et une générosité qui me désarçonnent moi-même.

La présidente accueille cette proposition comme une bouée de sauvetage. Dans sa simplicité, elle mesure l'énorme risque que je cours dans cette histoire de pénicilline. Elle me promet que ce sera un secret entre elle et moi. La pénicilline a produit l'effet attendu. D'un commun accord entre nous deux, la présidente remercie l'infirmière khmère rouge pour son breuvage sans nom qui l'a guérie. Cette dernière est si contente qu'elle aurait fait certifier, homologuer son breuvage de plante, si c'était possible. J'entre ainsi sous la protection de la présidente, faveur non négligeable.

Le mois suivant, un gradé khmer rouge vient au village pour enrôler les gamins entre six et sept ans dans l'armée rouge. Thira a le malheur d'être dans le lot composé d'une dizaine de garçons et filles. Le départ de Thira est extrêmement grave pour moi. Je pense que physiquement Thira est capable de se débrouiller comme n'importe quel garçon, paysan de souche. Mais j'ai très peur de leur système d'endoctrinement qui va faire de mon fils une machine totalement vouée à l'Angkar. Dans ce cas, il sera comme mort pour moi.

Je croyais que j'avais touché le fond de tous les désespoirs possibles. Mais cet arrachement remet tout en cause. Je comprends que le gouffre de désespoir et de souffrance n'a pas de limite ;

la spirale des malheurs peut toujours nous entraîner plus loin encore.

Acculée dans une telle impasse, je me tourne pour la première fois vers ce Dieu Témoin pour lui demander de l'aide :

« Toi, le Créateur de toute chose, aide-moi à trouver une solution pour récupérer mon fils. Tu as été bien silencieux jusqu'à cette heure, je ne sais si tu existes ou pas, mais c'est maintenant l'occasion de te manifester, fais donc quelque chose. Prouve-moi que tu es le Dieu tout puissant, ne me déçois pas. »

Cette demande est formulée sans trop de conviction de ma part. En fait, c'est un cri de souffrance et d'injonction en même temps. Je réfléchis aux moyens de faire évader mon fils. Je décide d'attendre la nuit pour tenter quelque chose. Ma chance de réussite est très mince pour ne pas dire inexistante, mais qui ne tente rien n'a rien. Je risque à 80 % d'y laisser ma vie, mais l'intégrité de la personnalité de mon fils n'a pas de prix pour moi. Je préfère le voir mourir que devenir une chose de l'Angkar. En attendant minuit pour mettre mon plan à exécution, je m'endors. Dans un sommeil fort agité, je rêve qu'une vieille femme vient me recommander de ne pas entreprendre cette tentation irraisonnée, car je vais y laisser ma vie et celle de Thira aussi. La vieille femme me précise que Thira ne risque rien, il sera bientôt de retour. Je me réveille en sursaut et constate avec dépit que j'ai dormi plus longtemps que je ne pensais car l'aube pointe déjà son nez. Bien sûr, il est trop tard pour tenter quoi que ce soit. Il faut attendre la nuit prochaine.

Je pars comme d'habitude pour la journée de travail aux champs. Je n'attache aucune importance à mon rêve, sachant que mon inconscient peut très bien me jouer ce tour-là. Je n'ai rêvé que ce que je souhaite au fond de moi-même. Pour cette journée de travail, nous ne rentrons pas manger à midi. C'est le cuisinier qui nous amène notre soupe de riz. Nous nous mettons en rang pour aller la chercher selon les règles strictes de nos chefs. Je tends machinalement ma gamelle au cuisinier, le regard ailleurs. « Hun, on m'a chargé de te dire que ton fils est de retour. » Je regarde alors le cuisinier avec attention pour voir si je n'ai pas rêvé debout. Il esquisse un sourire et me sert en continuant de chuchoter : « Ne me demande rien, tu verras ton fils ce soir, ta mère l'a caché. Il ne risque rien aujourd'hui... »

Après la pause du repas, je reprends mon travail avec un peu plus d'entrain. Nous reconstruisons, ce jour-là, une digue qui sera détruite par l'eau dans quinze jours comme les précédentes. Je ne peux m'empêcher de penser à mon rêve. Mais quelle coïncidence ! Comme d'habitude je m'adresse donc à ce Dieu Témoin :

« Je ne sais pas si tu es pour quelque chose dans cette coïncidence. Mais je te remercie de tout cœur, même si tu n'y es pour rien. Tu es un compagnon indispensable, pas trop encombrant. Chaque jour, je prends conscience de ma faiblesse, de mon extrême pauvreté. Et c'est en toi que je puise mes forces. Tu es presque devenu mon maître à penser... Je te dis encore merci, mon cher maître spirituel ».

Eh oui, au fil des souffrances, des impasses, je prends tout simplement conscience que mon orgueil est vraiment futile. J'avais cru jusqu'à maintenant que j'étais une femme de tête qui arriverait à surmonter beaucoup d'obstacles. Mais j'avais négligé le fait que la force nécessaire pour vaincre les difficultés, je l'avais puisée dans le partage avec quelqu'un que j'appelais mon Dieu Témoin.

Bien sûr, dans la tradition bouddhiste, on a toujours besoin d'un maître pour nous guider. Mon père m'avait bien confiée au vénérable supérieur des bonzes de Battambang-ville. (Je ne sais pas ce qu'il est advenu de ce vénérable.) Mais au fond de mon trou, j'ai simplement trouvé un autre maître dans le Dieu des Occidentaux. Et quel maître ! Je ne suis même pas sûre de son existence. Voilà que je continue à perdre la raison...

Mon fils est au village. Il faut trouver le moyen de l'y garder. Les khmers rouges du camp des jeunes vont bien se rendre compte qu'il s'est enfui et ne tarderont pas à venir le rechercher. Le soir, j'écoute silencieusement le récit de l'évasion de mon fils. Il me dit qu'il a vu le portail resté ouvert et personne pour le surveiller, il est sorti et a suivi le cours du fleuve vers l'aval pour arriver au village. Il m'assure, avec sa certitude enfantine, que si on revenait le chercher, il recommencerait son évasion. Je me garde bien de lui dire que le portail ne sera pas toujours ouvert et dépourvu de sentinelle.

Je décide d'aller voir la présidente pour solliciter son aide. Je vois que cette femme garde intacte sa reconnaissance envers moi. Avant que je lui parle de mon problème, elle me prend à part et me dit que la seule solution pour garder mon fils à la coopérative, est de le déclarer malade.

Voilà, Thira est officiellement déclaré malade par la présidente de la coopérative. Personne ne pense à remettre sa parole en question. En fait, personne n'a vraiment beaucoup de peine pour se déclarer malade car chacun de nous est déjà bien maigre. Mais pour un enfant de six ans, c'est un peu dur de ne plus pouvoir courir ou s'amuser à sa guise. La ration des malades aussi est coupée en deux. Je dois faire beaucoup d'efforts pour arriver à trouver du riz, du sel au marché noir, pour empêcher mes malades de mourir de faim. J'ai trois malades sur les bras : ma mère, mon frère et mon fils.

XIII

Un mouroir dans la pagode

Le niveau du fleuve commence à baisser, une saison de plus s'est écoulée. L'Angkar ne permet plus que les malades, adultes ou enfants, restent à la coopérative. Tous les malades doivent être hospitalisés. L'hôpital de la région est installé à la pagode Anlon Thkan. Sa réputation n'est ignorée de personne. Aucun malade n'a de chance d'y survivre plus de deux semaines, tant la ration alimentaire est réduite au minimum. Ceux qui peuvent encore se traîner pour travailler préfèrent revenir dans les coopératives pour pouvoir manger et mourir dans les champs. C'est un moyen excellent qu'a trouvé la révolution khmère pour construire une société nouvelle extraordinaire, débarrassée de tous les parasites.

Je ne peux laisser Thira aller seul à cet hôpital. Je me porte donc malade aussi. Ma mère qui n'accepte pas l'idée d'aller dans ce mouroir est donc guérie. Mon frère ne risque rien car personne ne viendra chercher un cadavre, et ce n'est pas la présidente qui va le dénoncer.

L'hôpital mouroir se trouve à trente minutes de marche de notre coopérative. À notre arrivée, une infirmière khmère rouge nous accueille avec une indifférence totale. Sans même demander la nature de notre maladie, elle nous emmène vers l'ancienne salle de fête de la pagode, et nous attribue un emplacement d'environ deux mètres afin que nous puissions poser notre baluchon et étendre notre natte. L'Angkar n'a rien à fournir à ses citoyens malades. Chacun doit amener sa couchette et sa moustiquaire, s'il a la chance d'en posséder une. Personne ne s'occupe des malades. Si on a besoin de médicaments, il faut aller faire la queue à l'infirmerie pour avoir deux comprimés de médicaments, fabriqués sur place à partir de feuilles et de racines d'arbre : les mêmes comprimés pour tous les malades. Ce sont vraiment des comprimés magiques, ils peuvent guérir n'importe quels maux !

À côté de nous se trouvent un enfant âgé d'environ un an et sa mère. L'enfant est si maigre qu'il a les traits d'un vieillard. Il ne pleure pas, mais gémit comme un petit vieux. Je ne peux détacher mes yeux de cet enfant, je n'ose pas parler à sa mère. Dans cet endroit hostile, la peur de l'autre est omniprésente.

Cet enfant vieillard me rappelle étrangement la vie du Bouddha. Le Bouddha, l'éveillé, était le prince Sâkyamuni. Il avait pris la décision de quitter sa royauté et de partir dans la forêt à la recherche de la seule vérité digne de l'homme, après avoir fait quatre rencontres : la maladie, la vieillesse, la mort et la sagesse. Devant cet enfant malade, je suis en train de vivre une expérience plus riche que celle du Bouddha ; j'ai l'impression que le début et la fin de la vie s'enchevêtrent. Jusqu'alors, j'étais assez habituée à l'idée de l'impermanence des choses, une des grandes vérités bouddhiques. Oui, je savais que tout évolue, tout change, rien n'est figé. Mais sur le corps de cet enfant vieillard, je ne vois pas l'évolution des choses, il y a un début et une fin, un bébé et un vieux. C'est un paradoxe qui m'interroge étrangement. Cette interrogation intérieure me pousse à confier l'enfant, de tout mon être, à mon Dieu Témoin :

« Toi, le créateur de toute chose, cet enfant est peut-être à ton image, le début et la fin, l'alpha et l'oméga. Je te le confie. S'il te plaît, prends le vite avec toi, sa place n'est plus sur cette terre. Dès sa naissance, cet enfant porte déjà la vieillesse. Délivre-le, s'il te plaît, de cette agonie de vieillard dans un corps de bébé... »

Le deuxième jour, le visage de l'enfant devient lisse et reposant. Il est redevenu celui d'un enfant malgré sa maigreur extrême. Il est mort... « Merci mon Dieu ! ». C'est la première fois que le Dieu des Occidentaux devient mon Dieu tout court...

L'urgence de la survie me pousse à m'organiser très vite avec Thira, afin de ne pas sombrer pour de vrai dans cette maladie sans nom qui éclaircit chaque jour les rangs des malades. Cette maladie commence par une forte fièvre suivie de la dysenterie. Le corps est ainsi vidé de toute son eau, et l'esprit de toute envie de vivre. Notre organisation matérielle est très simple : le matin de bonne heure, nous allons faire la queue pour avoir les comprimés magiques, que nous jetons discrètement. Toute la journée, nous restons allongés sur notre natte et ne nous levons que pour aller chercher notre soupe à midi. La plupart du temps, Thira dort toute la journée. La nuit nous profitons de la peur et de la superstition khmère pour nous rendre au village. Les Cambodgiens osent très rarement s'aventurer dans l'enceinte de la pagode la nuit. Ils ont peur des revenants. Il faut être un homme, et encore, pour se hasarder à braver les esprits. Il est inimaginable qu'une femme ose entraîner son petit gamin dans cet espace de temps réservé aux esprits. Le bruit court que, la nuit, un revenant sans tête rôde dans l'enceinte de la pagode. Bien sûr, tous ces morts que l'on enterre sommairement chaque jour, sans aucune cérémonie religieuse pour les accompagner vers une autre réincarnation, ne peuvent que tourner en rond autour de nous. La première fois que nous quittons l'enceinte de la pagode en traversant un terrain vague servant de cimetière, Thira tremble de tous ses membres en voyant les feux follets. Je me suis arrêtée en plein cimetière pour expliquer à Thira que ces feux ne sont pas des esprits mais simplement des phénomènes naturels. Nous restons ainsi un bon moment pour prouver que ces feux éphémères ne peuvent rien contre nous. Thira arrive ainsi à admirer avec moi ces feux follets qui accompagnent nos escapades de nuit. Mais ce que je n'ai jamais dit à Thira, c'est que chaque nuit, avant de sortir de notre moustiquaire, je demandais toujours à cet ami discret, ce Dieu Témoin, de nous accompagner et de nous éviter des rencontres malencontreuses.

Nous retournons ainsi au village chaque nuit, nous passons notre temps à étendre le filet de pêche, à fabriquer des pièges à poissons. Nous laissons ensuite le fruit de notre pêche à ma mère, elle se débrouille pour faire cuire les poissons dans la journée, et nous les mangeons le lendemain. Ma mère peut aussi troquer ces poissons contre des fruits ou un peu de sucre. Le riz est toujours échangé contre de l'or.

C'est une période pas trop mauvaise dans ma vie d'exil à l'intérieur de mon pays. Je goûte la paix de la nuit, une affection profonde nous lie mon fils et moi, quand nos cœurs battent d'une même joie devant une pêche fructueuse. Physiquement, je suis devenue une vraie femme du peuple, la survie dans ce milieu naturel n'a plus de secret pour moi. Je garde en plus l'esprit d'une femme cultivée, marquée par l'esprit cartésien, libre de toute superstition. Ma force est inépuisable, elle est soutenue par la certitude de n'être pas seule dans cette lutte. Même si ce sentiment d'être accompagnée n'est pas clair et net dans mon esprit, le pressentiment est là, brillant comme un fil d'argent dans la noirceur de la misère.

J'apprends chaque jour à faire confiance à ce Dieu étrange dont je suis loin de saisir tout le mystère. C'est un peu comme l'alpha et l'oméga de mon enfant vieillard, quelque chose d'inexplicable, d'inexprimable...

Je constate simplement que cette certitude d'être accompagnée a sorti mon cœur et mon esprit des tenailles de la haine et de la vengeance. Je suis bien loin d'aimer qui que ce soit encore, mais la colère, les ressentiments ne sont plus les seuls moteurs de mon agir... Je suis redevenue presque normale. Je sais me laisser aller à admirer un vol d'oiseaux sans envier aussitôt leur relative liberté...

Je me sens libre intérieurement, je me débarrasse totalement de la logique du karma. Il m'a fallu le camp des khmers rouges pour comprendre enfin combien ma vie est précieuse. Il m'a fallu le tourbillon de la violence et de la souffrance pour accepter de m'affranchir de ma vie antérieure, comme de ma vie ultérieure. Qu'importent des millions de vies dans le Samsara, alors qu'une seule me suffit ? Je ne connais pas les vies ultérieures de mes deux enfants, mais dans cette vie, pour le moment, je suis heureuse d'avoir réussi à sauvegarder leur personnalité. Toujours philosopher sur la continuité entre les vies, croire à la roue du Samsara pour trouver une explication plausible sur les événements qui nous touchent, c'est tout simplement un luxe et une fuite. En cette année 1978, je n'ai ni le luxe, ni la facilité de la fuite. Il faut prendre les événements comme ils arrivent et essayer de trouver des solutions adéquates...

Merci mon Dieu, de m'avoir toujours donné la force de trouver des solutions, parfois bonnes, parfois mauvaises, mais efficaces pour mon équilibre...

XIV

La défaite des Khmers rouges

Notre vie continue ainsi pendant peut-être un mois. Je ne sais pas très bien, tant chaque jour se ressemble. Le mois de novembre amène avec sa mousson un vent de panique, d'affolement dans les rangs des cadres khmers rouges. Nous voyons beaucoup de soldats khmers rouges défiler dans notre hôpital pagode. Certains sont blessés, mais aucun ne reste plus d'une nuit. Dans la peur de faire de mauvaises rencontres, Thira et moi avons arrêté nos escapades nocturnes. Avec beaucoup de peine, j'ai obtenu l'autorisation de me rendre à la coopérative dans la journée. Ma visite est réservée bien sûr à la présidente. Elle n'est pas très bavarde, elle semble ignorer la cause de la panique des khmers rouges et me dit seulement que je peux revenir à la coopérative avec Thira ; personne ne songera plus à venir le rechercher pour l'enrôler, les soldats ont d'autres chats à fouetter.

Je retourne donc prendre mon fils et nous quittons l'hôpital le jour même. Nous nous intégrons tout de suite à la vie de la coopérative. Thira recommence à accomplir la tâche commune le matin, la pêche familiale l'après-midi. Il est libéré des cours politiques, sa sœur de trois ans aussi : il n'y a plus de formateur à la coopérative. Mon fils est enchanté de retrouver sa sœur. Depuis qu'elle ne fréquente plus ces cours d'endoctrinement, Ratha s'est arrêtée de nous assommer avec des phrases révolutionnaires toutes faites. Auparavant, elle répétait : « Je suis la fille de l'Angkar, je suis entièrement vouée à l'Angkar ».

Nous la considérons un peu plus comme un membre de la famille ; pendant les périodes d'endoctrinement nous avions plus ou moins peur d'elle. Je pense que, malgré tout, elle a compris certains langages affectifs. Elle ne nous a jamais trahis, surtout pendant nos escapades nocturnes. Tout enfant est comme mon Dieu témoin, il ne parle jamais des choses profondes qu'il a comprises.

Je réintègre l'unité de la force première de la coopérative, toujours prête à partir n'importe où pour servir la révolution. Pour le moment, il n'y a aucune mission vraiment lointaine. Nous travaillons à côté de la coopérative à colmater les digues. Comme par enchantement, les cadres khmers rouges ont disparu, ils ne sont plus là pour contrôler notre travail. Les petits chefs mis en place par les khmers rouges sont soudain moins zélés. Vraiment quelque chose est en train de changer...

Le matin, je vais toujours de bonne heure à la cuisine commune pour aider le cuisinier à démarrer sa tâche quotidienne. Je reçois en échange de cette peine un ou deux bols de riz de la veille. N'importe qui ne peut se rendre ainsi à la cuisine ; pour y avoir droit, il faut seulement l'autorisation de la présidente. Je suis en train de laver la grosse marmite, quand cette dernière s'approche de moi :

– Hun, j'espère que plus tard, tu te souviendras quand même de moi ?

– Pourquoi Mê ? (mère en cambodgien)

– Parce que je sais que tu vas quitter la coopérative bientôt.

– Pour aller où, Mê ?

– Tu le verras bien... »

Elle s'en va sur cette phrase prononcée avec une tristesse infinie...

Le 7 janvier 1979, je pars travailler à quinze minutes de marche de la coopérative. Depuis deux jours, notre cuisinier a augmenté notre ration de riz. C'est un cadeau de sa part pour tous ceux qui partent à quatre heures du matin. Il peut le faire parce que plus personne ne le surveille. Nous prenions notre petit-déjeuner sur le chantier quand des coups de feu éclatent. Ces coups de feu sont de plus en plus nombreux, entrecoupés de détonations d'artillerie lourde. Chacun de nous laisse sa ration sur place et n'a qu'une idée en tête : rejoindre au plus vite sa famille.

Je cours, je cours sans me soucier des balles qui sifflent, ni des soldats khmers rouges. Dans la foule qui se replie, j'entrevois la famille du président de la coopérative. J'arrive à notre case pour voir tout le monde en pleurs, pris de panique. Je prends vite Ratha dans mes bras et crie à tout le monde de descendre pour se mettre à l'abri. Nous nous cachons dans un creux de terrain, à côté de la digue, derrière la coopérative. Nous restons là dans la boue une bonne partie de la journée. Le soleil commence déjà à décliner vers l'ouest, quand les canons et les fusils se taisent enfin. Les hommes de la coopérative qui sont partis travailler à côté de la route nationale arrivent avec des nouvelles très réjouissantes. Les khmers rouges sont battus, c'est l'armée de libération qui arrive. C'est une armée de la République du Vietnam. Tout le monde se laisse entraîner dans d'innombrables hypothèses. Les uns pensent que c'est Sihanouk qui a sollicité l'aide des Vietnamiens, d'autres que les Américains sont de retour... Laissant tous ces gens dans leur logique, j'entraîne Thira vers le grenier pour faire provision de riz. Les événements m'ont appris que quoi qu'il arrive, la denrée la plus précieuse est encore le riz ; il nous permet de tenir sous n'importe quel régime. Quelques-uns ont suivi notre exemple, mais beaucoup sont encore arrêtés par la peur de l'Angkar. La volaille de la ferme commune a participé activement à ce soir de fête. Quel plaisir de pouvoir faire la cuisine sans se cacher, et rien que pour les siens. Nous échangeons nos plats entre voisins, même s'ils ne sont pas très différents les uns des autres.

Nous sommes tous en train de nous donner à ce doux labeur de cuisine, quand les soldats vietnamiens arrivent dans notre coopérative. Des soldats « verts » au lieu des soldats « noirs ». Quel changement ! Un conseiller politique de notre armée de libération nous réunit à la cantine pour nous tenir un discours de circonstance dans un Cambodgien un peu hésitant : « Mes amis, vous êtes libres de retourner chez vous. Nous savons que parmi vous, beaucoup habitaient en ville. Ceux-là peuvent retourner chez eux en toute liberté. Si parmi eux, il y a d'anciens fonctionnaires, ils peuvent venir se présenter à l'armée de libération qui les aidera à réintégrer leur ancien poste. Vous pouvez aussi vous servir au grenier et à la ferme de la coopérative. La semaine prochaine, nous distribuerons à chacun des denrées de base. La famine est terminée. Vous êtes libres de l'esclavage des Khmers rouges. Vive le Vietnam, vive le Cambodge libre... »

Je n'ai pas beaucoup aimé ce discours. Les mots de liberté de rentrer et de reprendre son ancien poste me paraissent irréalistes. Quelle liberté avons-nous vraiment tant que nous restons dans l'ignorance, sans vraiment saisir ce qui se passe dans notre pays ? Selon Bouddha, l'ignorance est source de tous les maux.

Je laisse ces considérations intellectuelles de côté pour participer au mouvement de chasse au canard dans un élevage khmer rouge qui se trouve à côté de la coopérative. Nous en attrapons tellement que ces bipèdes nous servent d'aliment de base pendant un certain temps.

Le lendemain, une dizaine de soldats vietnamiens reviennent au village, nous rassemblent et nous tiennent le même discours que le premier jour. Ils semblent étonnés de nous voir encore à la coopérative et que personne ne soit allé se présenter comme ancien fonctionnaire. Ils pensent que nous n'avons pas confiance en eux ; aucun Vietnamien ne peut ignorer que son peuple est l'ennemi héréditaire du peuple khmer, et vice versa. C'est sûrement pour susciter la confiance que le plus gradé du groupe se tourne vers moi et me demande de désigner à l'armée de libération « les coopérants » qui ne peuvent qu'être des traîtres au nouveau régime.

Bien sûr, il y a des coopérants, et parmi eux une femme qui était particulièrement atroce avec moi. Je m'étais jurée en 1976 d'avoir sa peau. Mais à l'instant où j'ai enfin l'occasion de me venger, je me sens lasse, je n'ai aucune envie de la dénoncer. La haine et la vengeance m'ont quittée sans laisser place pour autant ni à la compassion, ni à la reconnaissance de l'autre. Je ne hais plus mes bourreaux d'hier, mais je n'éprouve aucun sentiment pour eux. Après un long silence, je réponds lentement en fixant cette femme : « Ils sont tous partis, il n'y a ici que des victimes ». Il y a un bruit à peine perceptible de protestation à mon affirmation. Le chef vietnamien repose sa question à la foule qui ne répond ni oui ni non, selon l'habitude du peuple khmer imprégnée par le bouddhisme.

Après le départ des soldats vietnamiens, je me remets à préparer les canards. Alors la femme « coopérante » s'approche de moi pour me remercier, peut-être, de ne pas l'avoir dénoncée. Je lui dis de ne plus venir me voir car désormais je ne parle plus avec la vermine...

Une semaine plus tard, nous décidons de quitter Bât Trang pour essayer de rejoindre Battambang-ville. Je vais dire au revoir à la sage femme du village qui m'avait assistée lors de mon accouchement, la seule qui ait suscité en moi de l'amitié pendant cette traversée du désert de la dictature khmère rouge. Elle me serre dans ses bras et m'assure de toutes les protections de tous les esprits du village et de la forêt : « Aucun esprit ne peut abandonner une femme comme toi. Tu es vraiment celle qui applique les enseignements du Bouddha. Car tu as renoncé à toute vengeance en ne dénonçant personne. Tu as très bien fait de laisser agir le karma de chacun. Oui, qui fait du mal récoltera le mal tôt ou tard selon la loi immuable du karma enseignée par le Bouddha. »

Je n'ai pas voulu détromper cette amie de son jugement. Elle ne pourra jamais comprendre ce qui se passe en moi. C'est vraiment trop compliqué pour une simple femme de la campagne de saisir que depuis déjà longtemps le Karma n'a plus de sens pour moi. Le karma, ce « livre de comptabilité » du bien et du mal, s'est arrêté de tourner ses pages de peur ou de joie, le jour où j'ai touché le fond du désespoir et de la souffrance. Le karma est sorti de ma conscience, de mon raisonnement, au jour de ma révolte contre l'injustice des choses.

Si je n'ai pas dénoncé cette collaboratrice aux soldats vietnamiens, ce n'est ni pour laisser au karma le soin de faire son travail ni parce que je lui ai pardonné. Il m'est impossible de pardonner à ceux qui ont contribué, par leur conviction ou par leur inconscience, à mettre en route cette machine à tuer qu'est l'Organisation des khmers rouges.

Je n'ai pas dénoncé cette femme parce que mon corps est las, et peut-être surtout, parce que mon cœur a retrouvé une certaine sérénité grâce à la compagnie silencieuse d'un Dieu que je suis incapable de définir et dont je suis inapte à dire s'il existe ou non...

XV

L'adieu à la fleur de lotus

Nous n'avons pas pu rejoindre vraiment Battambang-ville. Notre enthousiasme est vite tombé car le désordre qui suit cette libération est à son comble. Pour ne pas dire que c'est l'anarchie. N'importe qui peut prendre la maison de n'importe qui ; il suffit d'être le premier à occuper les lieux. Le centre ville proprement dit est encore fermé à la population. Le nouveau gouvernement prétend vouloir le réserver à des fonctionnaires de l'État. Ce dernier lance des appels à tous les anciens fonctionnaires de la République khmère pour qu'ils se fassent connaître en envoyant aux autorités de leur province leur curriculum vitae ; ils pourront ensuite réintégrer leur poste.

Je ne suis pas trop pressée de soumettre mon CV aux autorités. Mon entourage ne comprend pas du tout mon attitude. Ma mère me répète chaque jour que je suis en train de tuer son espoir de retrouver sa maison. Hélas, dans ma famille, je suis la seule fonctionnaire survivante. Je suis sa seule chance de pouvoir récupérer sa maison… si le nouveau gouvernement tient sa parole.

Les Cambodgiens ne sont pas habitués à la notion de personne. Pour eux, l'individu n'est que le fruit d'un hasard, il fait partie d'un grand ensemble d'êtres qui vivent, meurent, renaissent au gré d'un déterminisme rigide. Un individu existe en entrant dans la lignée de ses parents, de ses ancêtres. Les parents peuvent ainsi prétendre avoir droit à une soumission totale de leurs enfants. On existe en tant que fils ou fille d'un tel ou d'une telle.

Comme d'habitude, ma personne n'intéresse les autres que dans la mesure où elle peut être utilisée par eux. Ma mère, par exemple, ne se demande pas pourquoi moi, je ne suis pas pressée de retrouver ma maison. Il est vrai que celle-ci se situe beaucoup plus loin du lieu où nous nous trouvons, elle est à Phnom-Penh, bien plus difficile à atteindre. Mais elle représente une autre vie qui me semble presque irréelle. Je n'ai aucune confiance dans le nouveau gouvernement. Je ne vois pas leur ligne politique. Mes années avec les khmers rouges m'ont appris à me méfier de tout.

Le doute et la blessure psychologique font que je reporte toujours l'envoi de mon CV ; et que je me laisse vivre avec Sâk, plein de prévenance depuis qu'il a appris que j'étais haut fonctionnaire sous le régime de la République khmère. Encore un qui est amoureux d'une étiquette. C'est ainsi que je suis tombée enceinte au moment où je ne le souhaitais pas du tout. Mais quand on n'a pas « la liberté des pilules », aucune femme n'est à l'abri de surprises, à moins de renoncer à tous les impondérables de la vie comme une nonne bouddhiste.

Par lassitude devant la pression de mon entourage, je finis par soumettre mon CV aux autorités vietnamiennes du village. Je n'ai aucune peine à l'établir car j'ai conservé tous les documents nécessaires : les diplômes, les décrets de nomination... Avec ce CV j'obtiens donc très vite l'autorisation de me rendre à Battambang-ville dans un camion militaire.

Je demande au militaire vietnamien de me déposer juste à l'entrée de la ville. Là se trouve une petite bourgade où habitait Sameth, le garde du corps de mon père, fusillé avec ce dernier et mon époux par les Khmers rouges à O Traman. Je tiens à ce que la première visite soit une visite amicale à la femme de Sameth et à ses enfants. À la rigueur, je peux arriver à expliquer le massacre des membres de ma famille par la logique de la lutte des classes, mais la mort de Sameth m'est absolument révoltante. Il n'avait pas goûté aux plaisirs des bourgeois durant sa vie, et il est mort comme un nanti. Quelle absurdité !

Dans cette bourgade, je suis reçue comme une princesse. La plupart connaissent mes parents. La femme de Sameth s'est remariée, ses trois enfants ont bien grandi, l'aîné travaille à la scierie. On m'apprend aussi la mort de tonton Yim, ce vieux compagnon de papa qui m'avait accompagné sur la route de l'exil le 24 avril 1975. Je profite de leur hospitalité ce soir-là. Le frère de Sameth se propose de m'accompagner demain voir l'ancien contremaître de papa qui est maintenant responsable de sa scierie.

Le matin nous arrivons au premier chant du coq au centre-ville de Battambang. Je me sens saisie d'un écœurement et d'une tristesse profonds. C'est une ville fantôme ; ce n'est plus la ville que j'ai connue, que j'ai aimée. Il y a des saletés partout, des cimetières de climatiseurs, de frigidaires, de télévisions, de... je ne sais quoi. J'ai l'impression de me trouver dans un film d'horreur. La plupart des maisons sont inoccupées, les volets battent au gré de la mousson...

Nous arrivons enfin à la maison du contremaître qui se met à sangloter dès qu'il me reconnaît. Je respecte ses émotions et j'attends sagement qu'il se remette. En voyant ses larmes couler, je pense soudain que depuis avril 1975, je n'ai versé aucune larme. C'est peut être grave, je n'ai plus de « source intérieure ». Mes yeux ne savent plus pleurer. Quelle réflexion saugrenue !

« Viens, je t'amène visiter la scierie » dit le contremaître en me prenant par le bras.

Ce jour-là, la scierie ne fonctionne pas, on ne m'a pas donné le motif. Cela ne m'intéresse guère. Je le suis partout, en silence, lui aussi. Le bureau de mon père est resté à peu près intact. Je visite l'atelier de débit, l'atelier de montage des meubles, le hall d'exposition vente. Je regarde chacune des machines et vois surtout leur marque « Socolest Valdois ». Ces mots français me rappellent la France, la région de l'Alsace où se trouve le fournisseur de ces machines. Cette visite me fait penser à mon père. Il a passé toute sa vie à monter cette scierie menuiserie, classée parmi les plus importantes du pays. Deux balles ont eu raison de sa vie et de son œuvre, confisquée au nom d'une idéologie qui se veut juste mais qui prône la haine des classes comme moteur. Mon père est mort, son œuvre est confisquée, mais la société nouvelle promise n'est pas là. Quel gâchis ! Et dire que ces chefs khmers rouges ont appris cette idéologie en France, le pays des droits de l'Homme[1]. Un comble !

« Si tu veux, on ira demain voir la villa de ton père », cette phrase me ramène au présent. Je lui dis « oui » par un signe de tête, je n'ai plus aucune envie de parler. Le silence du

---

1. Khiev Samphan et Hu Nim, les deux collaborateurs de Pol Pot, ont été mes professeurs à la faculté de Droit de Phnom-Penh. Ils ont fait leurs études en France et ne cachent pas qu'ils y ont appris l'idéologie marxiste. Sihanouk, lui-même, reconnaît dans un de ses discours « fleuve » que les étudiants cambodgiens boursiers en France rentrent au pays avec l'idéologie « rouge », alors que ceux qui ont été dans des pays communistes restent « blancs » (couleur de la loyauté envers le roi). Plus tard, j'apprendrai que Pol Pot, de son vrai nom Samloth Sar, fut lui aussi étudiant boursier à Paris de 1949 à 1953.

ressentiment me reprend si fort que ma vie me paraît trop petite pour crier l'absurdité des choses.

La villa de mes parents se trouve dans la zone de l'Etat-Major vietnamien. Après avoir parlementé longuement avec les deux sentinelles placées à l'entrée de la rue qui y mène, nous pouvons enfin y pénétrer. Ce quartier de la ville aussi est désert. Le portail de la villa n'est même pas fermé. Le jardin est dans un état sauvage, les herbes folles envahissent même les allées cimentées. Je m'avance doucement vers le bassin à lotus où, jeune fille, je restais des heures et des heures à contempler les poissons rouges, à respirer l'odeur des fleurs de la sagesse. Ces fleurs de lotus, selon la croyance bouddhiste, sortent spontanément de la terre sous les pas du Bouddha afin de préserver ses traces de pas de tout sacrilège. C'est en pensant qu'il peut y avoir des hommes qui n'ont besoin que d'une petite aide pour arriver au Nirvana, comme les fleurs de lotus prêtes à émerger de l'eau n'ont besoin que d'un petit rayon de soleil, que Bouddha a décidé de mettre à leur disposition son enseignement. La légende dit aussi que dans la vie antérieure du Bouddha, une fleur de lotus était la cause de sa souffrance.

« *Dans cette vie-là, Bouddha était un oiseau mâle qui quitta le nid le matin pour aller chercher de la nourriture pour sa famille. L'oiseau mâle se posa sur une fleur de lotus sans faire attention que le soir commençait à tomber. Quand le soleil se coucha, la fleur de lotus se ferma en emprisonnant l'oiseau téméraire. Elle ne s'ouvrit qu'au lever du soleil et l'oiseau mâle ne put rejoindre son nid qu'à ce moment-là. Or, pendant la nuit, un feu de forêt avait détruit le nid, la femelle toute seule n'avait pu sauver les deux petits oisillons qui avaient péri. La femelle avait accusé l'oiseau mâle d'infidélité à cause de l'odeur de fleur qu'il portait sur lui. Elle s'était jetée dans le feu...* » légende typique du Cambodge tirée des multitudes de vies antérieurs du Bouddha avant son éveil.

Les fleurs de lotus sont encore là, mais les poissons n'y sont plus. Je coupe une fleur de lotus et me mets à examiner bêtement ses pétales. Pouvait-elle garder pour moi les souvenirs des jours lumineux de ma vie, comme elle avait gardé l'oiseau mâle de la vie antérieure du Bouddha ?

Une fleur de la sagesse à la main, je m'aventure à pousser la porte d'entrée principale de ma maison natale. L'obscurité qui y règne entretient encore en moi l'illusion d'une retrouvaille. Une fois ouvertes portes et fenêtres et chassée l'obscurité, cette maison s'arrête d'être celle de mes parents. Elle m'est complètement étrangère, car il n'y a plus rien. Tous les meubles ont disparu. Il ne reste que les quatre murs. Je circule lentement d'une pièce à l'autre. Ma chambre de jeune fille, celle de mes parents, celle de mon frère, celle de ma sœur sont entrées dans l'anonymat. Plus rien ne dit que cette maison a été habitée par notre famille. Ma maison natale m'a rayée de son souvenir. Elle ne veut plus de moi.

Curieusement, je me sens comme libérée d'un passé. Un passé plein de bonheur certes, mais un passé qui pèse quand même lourd sur ma nouvelle vie. On a toujours tendance à s'attacher à des clichés que la société vous donne, même quand on sait que la vie prend un nouveau tournant. Dans le changement, on essaie de retrouver quelques points de repère… Posant doucement ma fleur de sagesse sur le bord du bassin, je quitte ce lieu qui m'a vue naître, ce lieu où l'on a célébré mon mariage en grande pompe, je dis au revoir définitivement à ma vie de fille de la grande bourgeoisie de la province de Battambang.

Je quitte ma maison, ma ville avec un cœur presque léger. Tout m'est devenu étranger, plus rien ne me retient. Le contremaître m'a conseillé de quitter le pays. Car selon lui, rien n'a vraiment changé avec l'arrivée des Vietnamiens. C'étaient les communistes khmers rouges qui gouvernaient, ce sont maintenant les communistes pro-vietnamiens qui commandent. Il m'invite à chercher le moyen de quitter le pays. D'après lui, le peu de nouvelles qu'il a pu avoir de la capitale, Phnom-Penh, n'est pas très rassurant pour ceux qui travaillaient sous le régime de la République Khmère comme moi. Voilà, c'est un prolétaire qui me conseille de ne pas rester dans ce pays communiste, alors que tout mon entourage d'anciens bourgeois khmers souhaite à tout prix que je rentre à Phnom-Penh.

Je fais un compte rendu succinct de mes deux jours à Battambang-ville à ma mère, tout en insistant sur le fait qu'il n'y a aucun espoir pour elle de récupérer ses biens. Je garde pour moi les conseils du contremaître.

Pendant le dernier mois de ma grossesse, je vois défiler beaucoup de connaissances qui se dirigent vers la frontière thaïlandaise. Certains s'arrêtent une nuit chez nous pour reprendre des forces. L'hospitalité khmère fait que, malgré le peu de riz que nous avons, nous partageons quand même avec joie nos repas avec ces gens de passage. Mon état physique m'empêche de suivre ces exilés. Je me donne un mois pour réfléchir.

La vie quotidienne dans ce Cambodge libéré me pèse de plus en plus chaque jour. Je ne peux discuter sérieusement avec personne. Beaucoup sont comme poussés par une soif frénétique de vivre qui les amène à ne raisonner que par le poids de l'or. L'or qui sert de monnaie d'échange, l'or qui vous permet d'avoir un nouveau standing. Je suis écœurée, je pense que les khmers rouges ont vraiment tué l'âme de leur pays. On ne retrouve plus cette insouciance, cette joie de vivre qui caractérisaient le Cambodge d'avant ; insouciance et joie qui lui avaient donné auprès des étrangers la réputation, d'être une sorte de paradis terrestre. Mon pays est mort, vidé de son âme.

C'est logique, deux millions de personnes supprimées pour un pays peuplé de sept millions d'habitants.

C'est en enterrant mon pays dans mon cœur que mon corps a donné naissance à un petit garçon. Il a reçu comme prénom Borey qui veut dire « ville de bonheur », par défi à la mort qui enserre le Cambodge.

Une semaine après l'accouchement, je prends avec mes enfants la route de l'exil, saisissant l'opportunité de la sensibilité internationale au drame du Cambodge. Pendant quatre ans, la communauté internationale avait ignoré complètement les atrocités vécues par le peuple khmer. Était-ce vraiment un manque d'informations ? Au début de l'année, la première vague de réfugiés cambodgiens vers la Thaïlande avait connu un sort tragique : les militaires thaïlandais les avaient refoulés vers le Cambodge d'une manière inhumaine. Les Cambodgiens passent toujours la frontière dans la région Poipet qui est une région de plaine. Les militaires thaïlandais les embarquaient alors dans des camions pour aller les relâcher à une centaine de kilomètres de leur point de chute, dans les régions montagneuses, le Phnom Dank Réak, sans vivres, sans eau. Plus de la moitié de ces personnes, déjà affaiblies par la famine et la peur, n'arrivaient pas à traverser ces montagnes pour rentrer au pays. C'était une hécatombe. Une famille amie est parvenue à revenir dans le village, complètement traumatisée par tout ce qu'elle avait vécu. L'ampleur du drame a fini par réveiller l'Occident et par le rendre ainsi plus sensible à ce qui se passait dans cette partie de l'Asie. L'ONU a fait pression sur le gouvernement thaïlandais pour assouplir les mesures de contrôle et d'accueil des réfugiés à la frontière. C'est en apprenant la mise en place d'une structure d'accueil que je décide de quitter le Cambodge.

Après une nuit et une journée de marche, nous arrivons à la frontière thaïlandaise. Ce jour-là, la Croix Rouge internationale a affrété trois camions pour venir chercher les réfugiés. Le hasard fait que je tombe sur un de mes anciens élèves, actuellement militant dans la FANLPK (Force Armée Nationale de Libération du Peuple Khmer). La FANLPK est une des composantes de la Résistance anti-vietnamienne présidée par le Prince Sihanouk encouragé par les USA, la Chine et la Communauté Européenne. Mon ancien élève me reconnaît et essaie de me rallier à sa cause. Devant mon refus systématique, il me traite de sale bourgeoise qui ne connaît pas le sens du mot « patriotisme » et m'avertit qu'il fera tout pour m'empêcher de quitter le Cambodge. Je comprends bien que la FANLPK, comme les khmers rouges d'ailleurs, a besoin de retenir à la frontière le plus possible de population civile, afin de pouvoir bénéficier de la manne de l'aide internationale. Les khmers rouges m'ont guérie de toute utopie idéologique, je peux comprendre n'importe quelle réalité matérielle, mais qu'on ne me parle pas d'idéologie telle que le patriotisme ; j'ai vécu dans ma chair les « dérapages » de la grande idéologie marxiste. L'éducation politique de ces chers camarades rouges m'a rendue allergique à toute idéologie. Je suis devenue une femme désenchantée qui n'a plus aucune envie de se sacrifier à des « soi-disant grandes causes » : aider le Cambodge à survivre…, sauvegarder la Tradition Angkorienne… ou reconstruire une société nouvelle…

Toute la matinée, je guette le moment où ces chers patriotes sont occupés par d'autres personnes pour vite aller voir le responsable de la Croix Rouge. Ce jour-là, c'est un Américain qui accompagne le convoi des camions. En me voyant avec un bébé d'une semaine dans les bras et après m'avoir écoutée, il fait démarrer tout de suite le car dès que ma petite famille est montée, sans attendre qu'il soit rempli.

Une heure après, mes trois enfants, Sâk, sa fille et moi sommes arrivés en Thaïlande. Nous faisons partie des premiers arrivants à Khao I Dang, le grand camp de l'ONU gardé par les soldats thaïlandais. La première semaine, nous manquons de tout, nous dormons à la belle étoile. Heureusement que la saison des pluies est passée. L'organisation se met en place petit à petit. On nous distribue des morceaux de bambou et le chaume pour construire notre abri. Les représentants de quelques grands pays commencent à arriver, ainsi que les ONG. Chaque famille doit établir un *tracing card* qui décrit son parcours, ses capacités, son savoir-faire, sa profession afin que les pays riches puissent recruter leurs immigrés. Les États-Unis d'Amérique s'engagent à accepter sur leur sol tous les anciens fonctionnaires de la République khmère. Ayant gardé tous les papiers officiels concernant la fonction que j'occupais au sein du ministère de l'Éducation Nationale de la République khmère, je n'ai aucune difficulté à constituer mon dossier d'immigration pour les USA. Je suis immédiatement inscrite sur leur liste...

La France a pour critère de recrutement : le regroupement familial. J'ai donc écrit à ma belle-mère par l'intermédiaire des missionnaires catholiques lui signalant notre présence dans le camp Khao I Dang. Ma belle-mère a quitté le Cambodge en 1972, et s'est installée dans la région parisienne. Ce sera mon seul et unique contact avec les représentants de la religion chrétienne, durant mon séjour dans le camp en Thaïlande.

Je ne fréquente pas plus les bonzes bouddhistes, consciente que mes quatre ans de régime Pol Pot ont amené mes pas loin de la « voie du milieu » enseignée par Bouddha. J'évite aussi les missionnaires occidentaux car il y a tellement de communautés que je ne sais pas qui est qui. Et surtout je n'ai plus aucune curiosité envers « les grands principes », qu'ils soient politiques, philosophiques ou religieux.

Quant à mon Dieu témoin, je le laisse au repos. Car, pour être honnête, je ne sais toujours pas qui il est exactement. Il n'est peut être que le fruit de mon imagination, un produit que j'ai inventé pour ne pas sombrer dans la folie. Ce Dieu problématique a bien rempli sa fonction à un moment donné de ma vie. À Khao I Dang, je n'ai vraiment plus besoin de son assistance.

Ma journée est remplie du matin au soir. Je sers d'interprète auprès des fonctionnaires de l'Ambassade de France et des Médecins sans frontières. J'ai retrouvé quelques anciens collègues de travail, passés comme moi à travers les mailles du filet du génocide khmer rouge. J'ai confiance dans mon avenir, sûre de pouvoir quitter le camp dans deux mois au maximum pour l'Amérique ou peut être pour la France. Tout va à peu près bien pour moi.

Le mois de décembre arrive en même temps qu'une fabuleuse somme d'argent, que ma belle-mère m'envoie de Paris. C'est un prêtre catholique qui vient me remettre ces mille francs. Sa visite ne passe pas inaperçue ; beaucoup de personnes savent ainsi que j'ai de la famille qui m'envoie de l'argent. Ma belle-mère m'assure qu'elle fera le nécessaire pour être mon répondant en France. La procédure sera très longue : il ne faut pas espérer d'être sur la liste de la France avant trois mois. Le gouvernement français favorise avant tout le lien conjugal : les personnes qui ont comme répondant leur conjoint, seront les premières appelées.

Une semaine après, une moniale bouddhiste, vieille connaissance de mon père, vient solliciter ma générosité pour la construction d'une pagode khmère à Bangkok. Cette sollicitation m'exaspère terriblement. J'invite la moniale à me suivre pour aller voir un fait admirable à mes yeux. Sans trop comprendre, elle me suit avec ses petits pas tranquilles mais son visage révèle une perplexité évidente. Je l'amène devant le local de la Caritas où trois religieuses et un jeune homme sont en train de soigner les malades. La moniale se retourne vers moi et me demande d'un air candide :

– Et alors ?

– Et alors, je veux vous montrer que les chrétiens viennent aider les réfugiés ; et vous, une bouddhiste, vous venez quêter pour construire une pagode.

– Mais Hun, c'est pour ton bien que je viens te demander de l'argent. Le peu que tu peux donner améliorera ton karma et t'évitera une telle misère dans la prochaine vie.

– Je n'ai qu'une vie, Madame, celle de maintenant et je veux la prendre en charge moi-même. Le karma, je l'ai balancé dans la boue et le sang du camp de Pol Pot en 1975. Voilà, vous savez tout.

– Que l'esprit de ton pauvre père te protège. Qu'il te ramène dans le droit chemin des enseignements du Bouddha.

– Laissez mon père tranquille, Madame, et moi aussi. Je n'ai besoin d'aucune bonne action et encore moins de bonnes paroles.

– T'es-tu convertie au catholicisme ?

– Non, je ne me suis convertie à aucune religion. J'en ai assez de cet « opium du peuple ». Je ne fréquente pas plus les chrétiens que je ne vous fréquente, vous les bouddhistes.

Je laisse cette moniale plantée là devant la Caritas et je retourne d'un pas pressé à mon abri.

Cette histoire n'a pas manqué de faire le tour de la communauté bouddhiste de Khao I Dang. Ces braves gens pensent sincèrement que j'ai perdu la raison. Aider à construire une pagode, c'est aider la communauté des moines et moniales à suivre, dans de bonnes conditions, l'enseignement du Bouddha.

La communauté des moines dites « Sangha » est le troisième joyau de la foi bouddhique. Le premier est le Bouddha lui-même, et son enseignement constitue le second. Faire de l'aumône aux moines permet aux laïcs d'améliorer leur karma, pour pouvoir accéder à la compréhension globale de l'enseignement du Bouddha. Refuser d'aider la communauté des moines relève d'un acte d'obscurantisme aux yeux des bouddhistes.

L'année 1979 se termine. Le 7 janvier à midi, je suis entrain de préparer notre repas, l'esprit préoccupé par la maladie de Ratha, ma fille. Depuis une semaine elle a la colique sans que le médecin du camp parvienne vraiment à la soulager.

– Madame Ly, c'est vous ? »

– Oui, Monsieur

– Je suis l'employé de l'Ambassade de France. Je viens vous annoncer une bonne nouvelle. Vous et votre famille êtes sur la liste pour quitter demain à l'aube Khao I Dang pour la France.

– Vous avez bien dit la France, Monsieur. Il y a sûrement une erreur, car je suis sur la liste des États-Unis. »

– Non, Madame, je ne pense pas. Mais vérifiez quand même par vous-même. Ce sont bien les noms de vos enfants, de M. Sâk et le vôtre.

Je suis bien sur la liste pour la France. Il me faut de longues minutes pour réaliser pleinement cette bonne nouvelle. Après avoir rangé le peu d'affaires que nous possédons, je vais dire au revoir à quelques amis du camp.

Être appelée par un troisième pays tel que la France est une très grande chance. Pour les réfugiés, la Thaïlande est appelée pays de transit ou le deuxième pays. Selon les accords internationaux, la plupart doivent être appelés par un troisième pays ou pays d'accueil. Ce sont bien sûr les USA qui accueillent le plus de réfugiés ; la France se place au deuxième rang, devant l'Australie, l'Allemagne et la Suisse.

Inutile de dire ma joie et celle de tous mes amis. Mais un départ est un déchirement, même si on s'est préparé depuis des semaines à cette éventualité.

La joie et la tristesse se partagent mon cœur. Ce partage entre deux sentiments contraires me rappelle le côtoiement entre la vie et la mort dans la personne de l'enfant dans l'hôpital de Pol Pot. Cette image, qui m'a fortement marquée, me remet en mémoire ma prière de demande envers mon Dieu Témoin. Oui, je lui avais demandé de délivrer l'enfant de son agonie. Et ma prière avait été exaucée... Pour la première fois depuis avril 1975, je me mets à pleurer. Je pleure sur ce paysage d'Asie, mon coin de terre que je vais quitter demain, pour toujours peut-être. Je ne peux plus dire comme les bouddhistes que je vais essayer de construire un karma positif pour pouvoir me réincarner sur cette terre que j'aime. Ma prochaine vie, s'il en existe une, ne m'intéresse pas. Le vieux réflexe des moments difficiles revient de lui-même : je m'adresse au Dieu des Occidentaux :

« Eh oui, voilà, je pars maintenant dans tes contrées. J'espère que Tu vas me préparer un bon accueil en France. »

Cette prière me délivre aussitôt : par son absurdité ! J'avais pensé que mon Dieu Témoin n'était que le fruit de mes peurs, de mes fantasmes. La preuve est là, dès que je me sens désemparée, je me tourne vers Lui. Il faut peut-être que je fasse attention à ne pas trop divaguer. J'ai la chance d'aller vivre dans un pays dont l'esprit logique est bien connu. Si je continue à raisonner avec un Dieu imaginaire, les Français aussi me prendront pour une folle, comme l'ont déjà fait mes compatriotes bouddhistes...

XVI

Un avion pour Paris

Le soleil se lève et je quitte donc Khao I Dang. Quelques amis sont venus m'accompagner jusqu'au car de l'Ambassade de France. Nous transitons encore par deux camps de réfugiés avant de pouvoir nous envoler vers la France.

Nous restons à peu près un mois au premier camp à une cinquantaine de kilomètres de Bangkok, pour les vérifications d'identité et la visite médicale. Ce camp est plutôt une prison qu'un camp de réfugiés ; les conditions matérielles y sont très dures. Il faut presque tout payer, sauf le riz blanc distribué par les organismes internationaux. Le matin et le soir nous devons nous mettre en rangs pour saluer la levée et la descente du drapeau thaïlandais. À chaque séance, les soldats thaïlandais passent en revue notre groupe et n'hésitent pas à fouetter quiconque n'a pas une pose assez respectueuse envers leur symbole national, même si c'est un enfant. Voilà jusqu'à quel point nous sommes humiliés. Je ne comprends pas que les « internationaux » présents dans ce camp laissent faire ces soldats. Il existe encore quelques illuminés de bonne foi pour venir me dire que l'honneur ne compte pas, que l'essentiel est de pouvoir manger et dormir. Dans une Thaïlande libre, nous sommes traités comme des bêtes. On ne consent à ces réfugiés que deux droits élémentaires : manger et dormir. On piétine l'identité de leur personne.

J'apprends dans ce camp que je dois mon départ rapide en France à un ami ancien diplomate français à Phnom-Penh.

Après une autre escale d'une semaine dans une sorte de prison politique à Bangkok, nous prenons l'avion pour Paris.

Pendant les longues heures de vol vers l'Occident, des images réelles ou imaginaires de la France défilent sans discontinuer dans ma tête. Je me rappelle d'un Paris lumineux, magnifique, que j'ai visité en 1968 lors de mes vingt ans avec mes parents. C'est le Paris des touristes fortunés, le Paris des restaurants, le Paris des musées, le Paris des emplettes... Je sais au fond de moi-même qu'à ce Paris-là, je dois faire mon adieu. Mais je pense que je vais retrouver sûrement un chose qui ne me coûtera pas un sou : la galanterie française. Nous autres les femmes asiatiques, ne sommes pas très habituées à ce que nos hommes fassent attention à nous dans les faits et gestes de la vie quotidienne : nous ouvrir une porte, nous aider à porter un enfant ou un paquet... des petits gestes que les Français font tout naturellement et qui nous apportent un réel plaisir. La France est vue aussi par tous les habitants du tiers monde comme le pays de liberté, le pays des Droits de l'Homme. Nous avons tendance à idéaliser les habitants de ce pays, en pensant qu'ils sont tous à la hauteur de cette image de la France, terre de liberté...

Enfin Paris, la France ! Nous sommes accueillis à l'aéroport de Roissy par trois militants de France Terre d'Asile.

Deux retrouvailles me sont très précieuses. Je reprends contact avec la lecture comme une amie très chère qui m'avait énormément manqué pendant mes quatre ans de Pol Pot, et aussi avec la liberté, la liberté physique de pouvoir aller partout, sans avoir à demander la permission. Je suis un peu comme saoule de cette liberté. Je n'en reviens pas. Inconsciemment j'avais peur que le gouvernement français ne nous soumette à des brimades grandes et petites comme nos amis thaïlandais. Pour le moment, les choses ne vont pas trop mal.

Nous restons deux semaines à Créteil pour une visite médicale plus approfondie. À la fin de ces deux semaines, ceux qui ne souhaitent pas rester dans la région parisienne, sont envoyés dans des foyers d'accueil en province afin qu'ils apprennent la vie en France.

Nous sommes quarante-deux à partir pour le foyer de jeunes travailleurs de Rodez. Là, j'ai eu droit à ma photo dans la presse locale avec mon fils Borey.

Le journal nous souhaite la bienvenue dans la région tout en soulignant la politique française vis-à-vis des réfugiés :

« En matière d'emploi, aucun de ces réfugiés ne sera placé dans l'Aveyron. Parmi les trois groupes précédemment accueillis, la répartition s'est faite comme suit : 90 % dans notre département la première fois, 75 % la seconde et aucun la troisième fois. Cela procède bien évidemment de la nécessité de ne pas saturer un secteur, ce qui pourrait provoquer un phénomène de rejet. »

Les expressions telles que « saturer un secteur », « phénomène de rejet » me ramènent à une réalité que j'ai oubliée dans mon euphorie d'être en France : le racisme. Ce racisme, je le vis presque quotidiennement. Il ne se manifeste pas d'une manière violente mais sournoise, difficile à décrire. Quand on rentre dans un magasin, on n'est pas accueilli mais plutôt surveillé. J'ai maintes fois, la très nette impression qu'on nous regarde comme des « gêneurs », des indésirables. À l'école primaire de Rodez, une institutrice me dit vertement, quand je lui parle des difficultés de mon fils à suivre son cours, qu'elle n'a pas le temps d'aider « un Chinois ». Elle trouve scandaleux que sa hiérarchie ait décidé de mettre ce « Chinois » qui ne domine pas la langue française dans une classe de CE1. Par pitié pour elle, je lui promets que je vais tout faire pour que mon fils, ce « Chinois » indésirable ne la gêne plus dans son travail. Ma réponse l'a beaucoup surprise car elle ne s'attendait sûrement pas à ce que la mère du « Chinois » comprenne et parle sa langue.

Le sentiment si peu humain de cette institutrice a marqué mon fils plus que je ne le pensais. Thira a décidé de tout faire pour apprendre le Français. Je réalise combien nous ne sommes que « tolérés » sur cette terre d'accueil, je prends conscience des obstacles à surmonter si je souhaite que mes enfants soient intégrés dans la société française.

Je rencontre aussi des Français accueillants qui nous invitent à aller passer le week-end chez eux. Ils sont très sympathiques et se donnent tellement à fond dans leur accueil, qu'ils oublient que la blessure reste encore très vive dans le cœur de ces déracinés que nous sommes. C'est très bien d'ouvrir sa maison à des étrangers, mais encore faut-il savoir le faire avec simplicité sans trop de protocole, trop de démonstration. Je me souviens toujours combien mes enfants se sentaient perdus à table, avec tant de couverts étalés devant eux…

XVII

Une terre d'accueil

Le directeur du centre a pris des contacts avec plusieurs associations un peu partout en France afin de caser ces étrangers en dehors de son département...

Pour ma famille, c'est un comité d'accueil du Gard, dans un petit village, Saint Hilaire de Brethmas, qui se propose de nous accueillir. Lors de mon entretien avec le directeur du Foyer des Quatre Saisons, ce dernier tient à me préciser que le comité d'accueil est formé de catholiques et de protestants du village, présidé par leur curé et leur pasteur. Il se demande si je ne me sentirai pas gênée d'être réceptionnée par des chrétiens. Cette question me surprend un peu, je réponds simplement :

« J'espère que ces chrétiens sont assez intelligents pour respecter mes convictions. »

Je connais très mal la religion chrétienne, malgré mes deux années passées chez les religieuses de la Providence à Kep (une ville balnéaire du Cambodge), dans une pension pour jeunes filles de bonnes familles. J'avais à l'époque treize ans.

Mon père m'avait mise chez ces religieuses afin que j'apprenne le Français. Mais j'avais très mal vécu les cours de catéchisme et les messes du dimanche obligatoires. Il y avait un tel rejet en moi pour cet « endoctrinement » maladroit que je m'étais tenue très loin de cette religion.

Pire encore, à l'âge de vingt-quatre ans je l'avais considérée comme une sorte d'impérialisme spirituel. Il faut avouer que dans un petit pays comme le Cambodge, il était extrêmement difficile de faire la distinction entre les différentes communautés qui s'implantaient et qui se réclamaient toutes de Jésus-Christ. À l'époque de la guerre du Vietnam, on assistait à des évangélisations très extravagantes. Certaines communautés proposaient de récompenser en dollars US chaque conversion ! J'appelais cette pratique l'achat des consciences et la méprisais profondément.

Pendant mon séjour dans les camps de transit en Thaïlande, je ne cachais pas mon admiration pour les actions sociales et solidaires des chrétiens envers les réfugiés, mais je continuais à me tenir à distance par méfiance, par peur du prosélytisme.

J'avais eu l'idée de m'adresser à un Dieu témoin, le Dieu des Occidentaux parce qu'Il était omniprésent dans toutes les œuvres littéraires ou philosophiques occidentales, que leurs auteurs soient pour ou contre lui.

En quittant Rodez pour Saint-Hilaire de Brethmas, je suis très décidée à ne pas me laisser envahir par le prosélytisme.

Je suis contente de constater que je suis accueillie de façon très respectueuse. Le seul geste un peu maladroit de la part des protestants est de venir m'apporter, dès la deuxième semaine, l'Évangile en cambodgien. Par politesse, je l'accepte, tout en sachant très bien que ce livre est incompréhensible pour un Cambodgien. Les traducteurs ne doivent pas bien connaître le khmer car ils se contentent de juxtaposer des mots sans chercher à rentrer dans la vraie syntaxe de la langue khmère.

Le début de mon installation à Saint-Hilaire est marqué par les démarches administratives de toutes sortes qui monopolisent mon temps. Je dois faire des démarches pour avoir la carte de séjour, les allocations familiales. Je passe des journées et des journées dans les salles d'attente de la Caisse d'allocations familiales, de la Sécurité sociale. Mais je le fais de bon cœur sans révolte, surprise même de voir les gens s'impatienter dans ces lieux. J'ai tout mon temps pour attendre, je prends même plaisir à regarder tous ces gens si nerveux, si mal dans leur peau. Je me dis qu'il existe quand même des gens malheureux en France, même si elle est vue comme le paradis par les gens des pays pauvres.

Refaire sa vie dans un nouveau pays n'est pas chose aisée. Mais quand on a effectué un certain temps de stage dans un régime totalitaire, les problèmes en France ne sont pas insurmontables. Je dirais même qu'ils sont à taille humaine. En effet, je ne me sens plus écrasée par des événements non maîtrisables, même si je n'ai pas grand chose pour vivre. Ce qui explique que je ne pense plus à mon Dieu Témoin.

Chaque jour, chaque mois qui passe, améliore réellement ma condition matérielle. Au début de notre installation à Saint-Hilaire, nous n'avons aucune ressource. Le comité d'accueil s'engage à payer toutes les charges (électricité, eau, fuel pour le chauffage) et nous donne une modique somme pour les achats de base : sel, poivre, viande… Je ne vis pas très bien cet état d'assistée, surtout que le Comité d'accueil ne nous fait pas confiance d'emblée. Quand nous avons besoin d'argent, il faut le demander. Être obligée de toujours tendre la main, m'a énormément gêné. Le jour où la Caisse d'allocations Familiales du Gard commence à me verser les allocations familiales, je me sens nettement mieux, moins dépendante de la charité des autres.

Je commence à me sentir bien en France. Contrairement à certains déracinés qui vivent dans la nostalgie permanente, j'ai tourné une page de ma vie.

Considérée comme indésirable dans mon propre pays, je décide d'aider mes enfants à s'enraciner en France. Nous sommes comme des arbres transplantés, ils n'ont pas plusieurs solutions. Il leur faut « s'acclimater » s'ils veulent donner de beaux fruits... Pour moi, c'est une chance dans la vie de pouvoir choisir entre deux cultures. Je continue bien sûr de parler à mes enfants de notre culture d'origine ; mais j'ai choisi aussi de leur expliquer le positif et le négatif de cette culture. C'est avec le même regard que je regarde la culture française. Je souhaite que mes enfants ne soient pas ballottés entre deux cultures, mais qu'ils arrivent à faire la part des choses dans l'une comme dans l'autre. Je n'ai jamais ressenti le patriotisme nostalgique de vouloir à tout prix qu'ils gardent les coutumes khmères. Je n'ai pas non plus le désir frénétique qu'ils soient français à n'importe quelle condition. Ils seront toujours des Français venus d'ailleurs, mais à l'aise dans leur pays d'adoption. C'est un choix de ma part, l'avenir me dira les conséquences de ce choix de vie.

Au fil des jours, j'observe avec attention la vie des personnes du Comité d'accueil. Quelques-unes viennent volontiers me voir pour m'apporter soit des vêtements, soit des ustensiles de cuisine ou tout simplement un pot de confiture ou les fruits de leur jardin. Le désir de connaître un peu plus leur religion me vient tout naturellement.

Le bouddhisme, ma religion d'origine est une religion sans Dieu. Beaucoup d'Occidentaux ne voient en elle que son aspect philosophique. Mais le bouddhisme a bien façonné la pensée et la culture khmères. On ne peut pas comprendre la mentalité khmère sans connaître le bouddhisme. J'ose penser qu'il en est de même de la société française. Pour bien la connaître, il est important de comprendre la religion chrétienne. Et peut-être, qu'en vérité, je cherche aussi à « caser » mon Dieu Témoin. Je l'avais nommé le Dieu des Occidentaux. Est-il le Dieu des chrétiens ?

C'est ainsi que tout doucement, par des questions sur leurs convictions, sur leur agir, je cherche à connaître le Dieu des personnes qui m'accueillent.

Une dame du Comité d'accueil m'explique le sens de l'accueil selon ses convictions.

« L'accueil est très présent dans la religion chrétienne. C'est pour Jésus-Christ que j'agis. Car c'est écrit dans l'Évangile : ce que vous avez fait à l'un des plus petits, c'est à moi que vous l'avez fait. Et voyez-vous, pour nous les chrétiens, le jugement de notre Dieu est fondé sur ce que nous faisons ou ne faisons pas. »

Franchement, j'aurais souhaité une autre réponse pour flatter un peu mon orgueil. Mais elle m'a répondu très sincèrement que ses actes ont un but : le jugement favorable de son Dieu.

J'ai nommé mon Dieu Témoin, le Dieu des Occidentaux, peut-être à tort. Car avec lui, j'avais fait l'expérience d'une gratuité d'une telle ampleur que, petit à petit, mon cœur était sorti de l'étau de la haine. Je n'avais rien de beau à lui offrir, sinon une vie cassée, nouée par la colère. J'aurais tant aimé retrouver cette gratuité dans tout acte de charité. J'aurais tant aimé que l'on m'aide parce que je suis moi, tout court.

Enfin, il ne faut pas trop demander à des religions, elles ne sont là que pour « consoler » l'espèce humaine de la dureté de la vie présente. Pour bien remplir ce rôle, elles sont bien obligées de promettre quelque part une récompense...

Les bouddhistes s'efforcent d'accumuler les bonnes actions afin d'avoir un karma positif qui améliore la condition de leur réincarnation ; les chrétiens multiplient les bonnes actions afin d'avoir un jugement dernier favorable. Dans les deux religions, la liberté de l'espèce humaine est bien conditionnée par sa peur égocentrique.

« J'étais étranger, et vous m'avez recueilli... » sans arrière-pensée, sans profit, tout simplement... une utopie ?

XVIII

Quand la haine se tait

« Tout simplement », j'ai été accueillie par quelques rares personnes qui sont devenues des amis. Ces personnes-là ont accepté de joindre leur aventure personnelle à mes recherches existentielles. Ce sont des recherches toutes simples, ni philosophiques, ni métaphysiques. Je cherche tout simplement à bien vivre toutes les « petites choses » de ma nouvelle vie.

J'ai besoin de connaître les recettes de la vie pratique : à quel moment faut-il acheter les tomates ? comment réussir une omelette ? comment faire un lit ?... Ce sont des choses vraiment « petites » ; mais il faut être « petit » pour « enseigner » tout cela à une étrangère, sans prendre l'air docte, sans vexer l'autre. L'apprentissage de ces petites choses je l'ai reçu auprès d'une dame de soixante-quinze ans, la mère de M. le Curé.

Elle est la mère du prêtre mais quelle femme simple ! Contrairement à certaines personnes, elle ne m'a jamais demandé de lui raconter mes malheurs pour pouvoir me plaindre. C'est plutôt elle qui me raconte sa vie. Je dis sa vie, pas ses théories. Elle partage avec moi ses joies, ses peines, ses colères, ses moqueries. Il nous arrive ainsi d'attraper toutes les deux des « fous rires », aux dépens de certaines personnes ; mais elle me dit que c'est sans méchanceté et que son « Bon Dieu » aussi doit se tordre de rire comme nous. La seule chose à ne pas faire c'est d'aller répéter cela à son fils curé parce que c'est un homme ; par définition, il n'a pas les mêmes réactions que nous autres, femmes. Je la crois volontiers. Nous nous sommes ainsi adoptées l'une et l'autre. Elle m'a ouvert sa maison et moi la mienne. Elle est assez âgée, se déplace assez difficilement, c'est souvent moi qui suis invitée à aller la voir. Elle a l'art de me mettre à l'aise. Quand j'arrive chez elle, elle ne s'arrête jamais de faire ce qu'elle est en train de faire pour me donner de son temps, comme on dit. Elle continue ses tâches ménagères, sa façon à elle de me dire que je ne la dérange pas, et elle m'invite à lui donner un coup de main. C'est ainsi que j'ai appris à faire les lits, le ménage, la cuisine, les courses... à la française. J'ai ainsi pris la place de sa seule et unique fille morte très jeune. Pour moi, elle est une mère. Elle m'a donné les « petits trucs » de femme, nécessaires dans ma vie pratique. Voilà nous sommes quittes, l'une a profité de l'autre dans cette vie et non pour une hypothétique récompense lors d'un jugement dernier. Je l'appelle « mémé Marie » et pour elle, je suis sa « fifille » car mon prénom khmer est trop compliqué à prononcer.

Sans le savoir, « mémé Marie » est l'une des personnes qui m'a ouvert le chemin de l'aventure de Jésus-Christ par son accueil simple. Dans ma pauvreté matérielle, elle a tout simplement partagé avec moi la pauvreté du cœur d'une mère blessée par la mort de sa seule fille, sans jamais essayer de me venir en aide du haut de ses richesses. De toute façon, je n'ai jamais aimé les gens parfaits, ils sont trop haut placés pour moi.

Une telle complicité avec sa mère, ne peut laisser M. le curé insensible. Lui aussi est devenu l'ami de la famille. Nous l'appelons André. Il m'a beaucoup aidée dans l'apprentissage de la langue française à mes enfants. Nos relations amicales sont si peu conventionnelles que certaines personnes pensent que je manque de respect envers leur curé. Ceci m'importe peu, car je ne suis pas catholique et je ne vois pas pourquoi une personne humaine doit se définir d'abord par sa fonction. J'ai été élevée dans la tradition bouddhique qui relativise beaucoup l'importance de la fonction sociale de l'être humain. Je pense sincèrement qu'on ne peut vraiment connaître quelqu'un dans la vérité que lorsqu'on arrive à franchir toutes les « étiquettes », que chacun essaie de coller sur l'autre. C'est une petite notion de la vacuité qui invite chaque individu à dépasser ce qui limite son existence.

En fait, je suis très consciente que je suis une énigme pour la plupart des personnes du comité d'accueil. Ils ont préparé tout pour m'accueillir : une maison, de l'argent, des accompagnateurs dans les démarches administratives, des visites pour me faire parler de mes malheurs... Mais ce qu'ils n'ont pas prévu, ce sont « mes projets » : comment je compte organiser ma vie parmi eux. Ils n'ont pas pensé que très vite j'allais refuser de jouer le rôle de la personne assistée. Ils souhaitent me donner une identité sociale qui cadre avec ma situation matérielle de pauvre, mais ils ne se sont pas préoccupés de savoir qui j'étais avant de devenir leur assistée. Ils sont très surpris que je les voie autrement que comme mes simples « bienfaiteurs ». Je ne suis pas une personne ingrate, je sais très bien que sans leur aide, j'aurais eu sûrement beaucoup de peine à démarrer en France. Mais je ne suis pas prête à leur sacrifier ma liberté. Cette liberté de penser, de réfléchir, que je suis arrivée à sauvegarder dans le camp de Pol Pot grâce à l'assistance de mon Dieu Témoin, j'ai décidé de la préserver jusqu'au bout.

Je ne peux pas supporter les étiquettes préparées d'avance par qui que ce soit. Je vais donc prendre en mains ma vie et celle de mes enfants, je vais faire voler en éclats certaines conventions... Je prends un malin plaisir à faire perdre à ces bonnes gens l'objet de leur « charité ».

Pour essayer de mieux équilibrer mon budget, j'envisage de changer d'appartement. Je trouve que les frais de chauffage de mon logement sont trop élevés, c'est une ancienne maison construite dans la cour de l'école à l'époque où on ne parlait pas d'économie d'énergie. Les précédents locataires étaient des instituteurs qui tiraient tout simplement le fuel de la cuve de l'école. Mes maigres revenus ne me permettent pas de faire face à cette dépense très conséquente en fuel. Je suis obligée chaque mois de demander de l'aide financière au Comité d'accueil pour pouvoir faire face. Dans ma quête d'un nouveau logement je prends conscience d'un obstacle très difficile à surmonter : les Français ne souhaitent pas avoir des étrangers comme locataires !... Certains me conseillent de demander des logements sociaux, qui se trouvent dans un quartier réputé très difficile de la ville. Pour la sécurité des enfants, je préfère ne pas y aller.

Dans l'impossibilité de trouver un logement dans un quartier convenable selon mon souhait, je me lance alors dans un projet jugé très peu raisonnable par la plupart de mes « bienfaiteurs » : décrocher un prêt pour construire une maison individuelle.

Quelques personnes dans le comité d'accueil acceptent de m'aider à concrétiser ce rêve. J'ai trouvé du travail, mes enfants commencent à maîtriser la langue de Voltaire, je réalise aussi le rêve d'un Français moyen : arriver à obtenir le crédit nécessaire pour l'accession à la propriété.

Ce prêt d'accession à la propriété m'amène beaucoup de désagréments. Certaines personnes qui m'ont accueillie avec honnêteté au début, regardent avec jalousie le fait que je suis entrain de quitter le rôle de leur assistée. La vie est ainsi faite : un autochtone admet difficilement que les étrangers puissent avoir les mêmes privilèges que lui. Faute de pouvoir me garder dans le rôle d'assistée, certains de mes bienfaiteurs m'en ont attribué un autre : celui de femme arriviste, foncièrement immorale, ramassant l'argent où elle peut. Je suis, tout simplement, perdue pour eux.

Ayant beaucoup de temps libre, j'ai demandé à André de m'apporter les invendus de son meuble de presse. C'est ainsi que j'ai gratuitement accès à la plupart de la presse chrétienne : *la Croix, la Vie, le Pèlerin, Panorama...* Ces lectures me sont d'un grand secours sur mes chemins de recherche. Il m'arrive souvent d'embêter André par mes questions embarrassantes sur tel ou tel point de la foi chrétienne. Je ne comprends pas comment la foi chrétienne peut se centrer sur l'amour par exemple. Dans la tradition bouddhique, l'amour ne peut qu'amener la souffrance car l'être humain se crée ainsi des attaches qui l'empêchent de se libérer totalement.

M. le curé, cet ami, m'a proposé de m'emmener dans un groupe de réflexion à Alès, il s'appelle La Draille. C'est un petit groupe d'une quinzaine de personnes , il y a là des catholiques, des protestants, des non-croyants aussi. J'ai mis toute mon attention à écouter leurs échanges. De temps en temps, je me hasarde à leur soumettre mes interrogations sur leur foi, sur leur tradition, sur leur Église. J'avoue que je suis loin d'avoir des réponses claires et précises à mes questions, mais j'apprécie énormément l'effort de chacun pour se mettre à ma portée, pour ne pas se poser comme « celui qui sait ».

Je n'ai jamais osé parler de mon Dieu Témoin à qui que ce soit, même pas à André. Je n'en continue pas moins à chercher à « caser » ce Dieu Ami. Est-il le Dieu de quelqu'un d'autre que moi ?

J'en suis là dans mes questionnements quand André m'apporte, par erreur, l'encyclique de Jean Paul II sur la Miséricorde. Par respect pour mes convictions, il a l'habitude d'enlever de ses invendus les écrits qu'il juge trop spécialisés pour une non-chrétienne. Mais cette erreur va me faire entrer un peu plus dans la démarche chrétienne.

Je me mets à lire *Dives in misericordia* par curiosité, par oisiveté. Les réflexions de Jean Paul II sur la parabole de l'enfant prodigue sont comme un écho de mes expériences un peu folles dans le camp de Pol Pot avec mon Dieu Témoin.

Le chef de l'Église catholique écrit : « *Cet amour est capable de se pencher sur chaque enfant prodigue, sur chaque misère humaine, et surtout sur chaque misère morale, sur le péché. Lorsqu'il en est ainsi, celui qui est objet de la miséricorde ne se sent pas humilié, mais comme retrouvé et revalorisé* ». Je me pose la question : est-ce bien cet amour-là qui s'est penché sur moi quand les khmers rouges nous ont désignés comme objet de haine pour toute une population. Je me rappelle combien l'accompagnement de mon Dieu Témoin m'a « revalorisée » à mes propres yeux. Selon Jean Paul II, la miséricorde « *tire le bien de toutes les formes du mal qui existent dans le monde et dans l'homme* ». Mon Dieu Témoin est bien arrivé à faire taire la haine et la colère en moi. Il m'a rendu la paix.

Ainsi l'expérience particulière vécue avec un Dieu que j'avais plus ou moins classé comme le fruit de mes fantasmes, rentre-t-elle dans une lignée qui me dépasse d'un seul coup. Il se peut que ce Dieu bizarre soit aussi le Dieu révélé par Jésus-Christ. Mais au fond qui est Jésus-Christ ?

Le seul moyen d'en savoir plus sur Jésus-Christ, est de lire le livre que le pape cite dans son encyclique : l'Évangile. Je demande donc l'Évangile à André qui est très surpris de ce désir. Il me regarde comme s'il s'agissait d'un caprice de ma part. Je lui explique que j'ai lu l'encyclique du pape et que je voudrais simplement lire le livre de référence de son supérieur.

La semaine suivante, André m'amène le Nouveau Testament avec d'autres livres spécialisés qui doivent m'aider, selon lui, à bien comprendre le langage très difficile de l'Évangile. Il me réaffirme qu'il est à ma disposition s'il y a des questions. Je lui promets de noter toutes mes questions pour discuter, soit avec lui, soit avec le groupe La Draille. Cette affirmation le « tranquillise ».

XIX

La folie du Nazaréen

Je m'aventure donc à lire le Nouveau Testament. Je me rends compte que mes deux ans de catéchisme forcé avec les religieuses, à l'âge de treize et quatorze ans, ne m'ont laissé aucun souvenir de l'Évangile. Me parlaient-elles de Jésus de Nazareth ou se contentaient-elles de m'exposer la doctrine de la religion catholique ?

L'Évangile est effectivement nouveau pour moi. Ces écrits sont des nouvelles, au premier sens du terme.

La vie de Jésus le Nazaréen me séduit beaucoup. J'aime la liberté qui se dégage de cet homme, il n'est prisonnier d'aucune convention, qu'elle soit religieuse ou sociale. Mon histoire personnelle m'amène, tout naturellement, à faire le parallèle entre Jésus le Nazaréen et Sâkyamuni, le Bouddha.

Il est important de préciser que Bouddha n'avait jamais prétendu être dieu. Il se plaçait au-dessus de toute divinité parce qu'il avait atteint l'Éveil, sortant ainsi du cycle infernal du Samsara, de la réincarnation. Bouddha était un sage réfléchi qui avait trouvé la voie du Nirvana, c'est-à-dire selon la tradition bouddhique, l'extinction de tous désirs, de toute ignorance. Jésus, le fils de Marie, était aussi un homme pour moi. Il était un sage passionné qui disait des choses autrement, différemment de Sâkyamuni. Sa vie était une folie pour un bouddhiste.

Je reconnais que ses paroles, ses actes me choquent. Mais je ne peux m'empêcher d'admirer son courage de « se mouiller » dans le monde des hommes ordinaires. Cette façon de faire m'interpelle, parce qu'elle est complètement à l'opposé de la voie du milieu enseignée par Bouddha.

Les bouddhistes cherchent à « se détacher » de toute chose matérielle, à se mettre à l'écart du monde. Les bonzes bouddhistes sont des êtres supérieurs aux laïcs ordinaires, car ils sont plus avancés que ces derniers sur le plan du détachement sentimental (conjoint, enfants...), du détachement matériel, ils vivent d'aumône. Les laïcs bouddhiques sont des gens qui se trouvent encore très enracinés dans l'ignorance pour pouvoir saisir en totalité l'enseignement du Bouddha. Ils ont beaucoup de chemin à faire pour pouvoir enfin se libérer de la réincarnation. Pour pouvoir progresser sur le chemin de la libération, ils doivent assister matériellement la communauté des bonzes.

Jésus envoyait ses disciples dans le monde comme « sel de la terre ». Oser se mêler des choses les plus ordinaires pour pouvoir témoigner d'une autre vérité qui les dépasse, c'est une nouvelle si différente de la voie du milieu ! C'est une nouvelle déconcertante. Jésus ne cherchait pas à se placer hors du monde mais il épousait toutes les conditions humaines.

« *Comme tu m'as envoyé dans le monde, je les envoie dans le monde. Et pour eux je me consacre moi-même, afin qu'ils soient eux aussi consacrés par la vérité.* » *(Jn 17,18-19).*

Le noble chemin octuple proposé par Bouddha pour guérir l'homme de la souffrance passe par le savoir « prajna ». Ce noble chemin consiste à avoir la parole juste, l'actio... moyen d'existence juste, l'effort juste, l'attention j... concentration juste, la compréhension juste, la pensée ... Bien que j'aie fait l'expérience dans le camp de Pol Pot o... chemin complètement dévié par la souffrance, la haine et la révolte, je continue quand même à penser que ce chemin octuple est une sagesse qui pourrait conduire l'homme à sa guérison. Il est nécessaire d'avoir un minimum de savoir pour emprunter ce chemin. Quelle folie pour moi quand Jésus dit : « *Je te loue, Père, Seigneur du ciel et de la terre, d'avoir caché cela aux sages et aux intelligents et de l'avoir révélé aux tout-petits* » (Mt 11, 25). Mais cette folie me fait entrevoir le sens d'une aventure fabuleuse, l'aventure de l'homme. Cet homme imparfait, souvent blessé par des événements qui le dépassent, est invité à se risquer malgré son ignorance et sa petitesse, vers l'infini. Quelle douce folie !

La deuxième folie du Nazaréen est sa façon positive de parler de l'amour. Pour une femme élevée dans la religion bouddhiste, l'amour veut dire attachement. Il ne peut être présenté comme une voie de salut. Pour un bouddhiste, rien n'est plus illusoire que l'amour, une des sources de la souffrance. La phrase de Jésus « *Tu aimeras le Seigneur ton Dieu de tout ton cœur, de toute ton âme, de toute ta pensée et de toute ta force. Tu aimeras ton prochain comme toi même. Il n'y a pas d'autre commandement plus grand que ceux-là* » (Mc 12, 31) me paraît complètement irraisonnée ; c'est comme un défi qu'il lançait à ses disciples. Et quel fou oserait relever pareil défi ?

Je me demande si j'ai bien saisi tout ce que disait Jésus. Mais l'incrédulité, l'incompréhension de ses apôtres, le reniement de Pierre me rassurent. Je ne suis pas la seule à buter devant de telles paroles ; ses premiers disciples n'avaient pas tout assimilé non plus. Ce qui est encore plus déroutant, c'est que Jésus n'avait pas toujours accepté de leur expliquer des points obscurs, il avait même des paroles très dures envers eux. Quel Maître ! Un maître si différent de Bouddha. Ce dernier ne laissait pas ses disciples dans l'incompréhension. Bouddha avait toujours une explication plus ou moins logique pour chaque fait de la vie. Chaque chose a une causalité, ce qui t'arrive aujourd'hui a toujours une cause plus ou moins lointaine, c'est presque « scientifique ». Alors que Jésus ne savait pas la cause faisant qu'un homme soit né aveugle. « *Rabbi, qui a péché pour qu'il soit né aveugle, lui ou ses parents ?... Ni lui, ni ses parents...* » (Jn 9, 3). Qui alors ? Aucune importance, le plus important était de le guérir. Je le trouve très déroutant, ce Jésus de Nazareth.

Il me déconcerte, il me pose question. J'avoue qu'il est plus facile de suivre les raisonnements du Bouddha Sâkyamuni que de comprendre les paroles de Jésus. Dans la sagesse bouddhique, il suffit d'admettre deux certitudes de base, le karma et le Samsara, et on arrive ainsi à progresser sans trop de vagues dans la voie du milieu. Avec Jésus, on dirait que le terrain n'est jamais stable.

La vie de cet homme peu ordinaire suscite une curiosité aiguë en moi. Plus je lis l'Évangile, plus j'ai envie d'entrer dans son mystère d'homme. C'est une folie qu'un tel homme puisse exister. Pour moi, c'est dans l'ordre des choses qu'on l'ait tué car il était trop dérangeant. Il a refusé quelque part de jouer le rôle que la société de cette époque attendait de lui. Moi aussi, je n'ai pas toujours accepté de jouer le rôle qu'on me propose.

Son regard de valorisation sur chaque personne, fût-elle une prostituée ou un bandit me rappelle mon expérience spirituelle avec mon Dieu Témoin. Sa façon de libérer l'être humain de la force négative me rappelle la libération intérieure vécue dans le camp de Pol Pot. La faiblesse du Nazaréen, quand il pleurait son ami Lazare, quand il succombait à l'angoisse, quand il se laissait gagner par la colère, le met à ma portée. C'est peut-être cela que les chrétiens appellent le mystère de l'incarnation. Il me change beaucoup de l'impassibilité et de la tranquillité de Sâkyamuni. Oui, ce Jésus de Nazareth est un homme tout simple pour moi. L'Évangile parle bien des miracles accomplis par lui, de sa Résurrection. Mais j'ai pris tout cela comme « des broderies » que les évangélistes ont ajoutées pour attirer les esprits faibles. Ne trouve-t-on pas les mêmes récits merveilleux dans la vie du Bouddha ? Les vrais bouddhistes ne s'arrêtent jamais à ces légendes. Elles ne sont là que pour aider ceux qui sont incapables de croire sans promesse de récompense.

Je ne comprends pas pourquoi les chrétiens voudraient à tout prix faire de cet homme, Jésus, un dieu. Il me semble que la divinité va enlever à cet homme de Nazareth toute sa grandeur humaine. Et c'est justement cette grandeur humaine qui me séduit en lui.

Souvent quand j'écoute les chrétiens parler de Jésus de Nazareth, il me semble que la dimension du « fils de Marie et de Joseph » est complètement occultée ; dans leur discours, seule la dimension du « fils de Dieu » est retenue. Dans mon éducation bouddhique cette façon de présenter Jésus le fait rentrer dans la catégorie des avatars de Vishnu. Ce dernier fait partie des grandes divinités de l'hindouisme ; chaque fois que l'ordre terrestre est troublé, Vishnu descend sur terre sous forme d'un être humain pour le rétablir. Si Jésus savait d'avance que Dieu, son père, allait le ressusciter, alors sa vie perd tout son sel pour moi, elle devient celle d'un avatar, une divinité plus ou moins capricieuse qu'il faut prier à genoux. Cette vie-là n'a plus aucun impact dans ma vie de femme.

En fait, je me trouve alors coincée entre la toute puissance de Dieu et la grandeur de l'Homme. Je suis encore au stade de « rapport d'inégalité entre celui qui offre et celui qui reçoit », comme écrit Jean Paul II dans son encyclique. Je ne sais pas comment conjuguer la liberté de l'homme avec la providence divine. Malgré mes malheurs grands ou petits, je continue à croire à une humanité meilleure. La lecture de l'Évangile ne fait que renforcer ma confiance dans la nature humaine. Dans ma tradition bouddhique d'origine, l'homme est supérieur à toutes divinités. Les dieux n'ont pas la chance de l'Homme, car l'Homme seul peut arriver à connaître la Vérité Ultime et devient ainsi Bouddha, l'Éveillé. Je n'ignore pas non plus la fragilité de l'homme, sa capacité de souffrance. J'ai pensé à ce moment-là que c'était peut-être cette fragilité qui avait poussé les chrétiens à croire en la divinité de Jésus. La résurrection n'était peut-être que le désir de donner un parfum d'éternité à un espoir déçu ?

Homme ou Dieu ?...

La grâce de la réponse me sera accordée quelques mois plus tard.

Une semaine après Noël, André nous invite, mes enfants et moi, à aller nous promener dans les Hautes-Alpes. En tant que curé de la paroisse, il cherche un endroit pour établir un camp de jeunes. Sur le conseil de sa mère, il part visiter un endroit propice se trouvant dans un site marial, Notre-Dame-du-Laus. Il nous a proposé les places libres de sa voiture. Je suis très contente de pouvoir visiter un peu la France à peu de frais. Mes enfants et moi, nous accompagnons donc M. le Curé afin de profiter de l'air des Alpes.

Notre-Dame-du-Laus est un sanctuaire connu grâce aux apparitions de la Sainte Vierge à Benoîte Rancurel, une bergère illettrée (1664-1718). C'est un site grandiose pour moi, comme un petit bijou encastré dans un écrin de neige. C'est la première fois de ma vie que je découvre tant de neige, d'une beauté féerique. Quant aux apparitions de la Vierge, je n'y attache pas d'importance. Pour moi, ce sont des croyances populaires de la France qui n'ont aucune référence avec l'Évangile. Elles font partie du lot des superstitions de la religion chrétienne, comme le culte des esprits ou des ancêtres dans la religion bouddhiste au Cambodge. Quelle religion peut se vanter d'être à l'abri de ces « fables » ?

Le 28 décembre, c'est la grande fête à Notre-Dame-du-Laus. Cette fête cumule la rencontre annuelle des prêtres du diocèse de Gap avec leur évêque et l'anniversaire de la mort de Benoîte Rancurel. En voyant tous les préparatifs, Thira et Ratha souhaitent assister à la messe. Je n'y vois aucun inconvénient, c'est l'occasion de mieux connaître la prière des chrétiens. C'est une messe extrêmement vivante avec des chants très rythmés accompagnés par deux guitaristes. L'accueil de l'assemblée envers nous, étrangers, est exemplaire. On nous aide à trouver les pages du livre de prière en nous voyant un peu perdus. Enfin tout me met le cœur en fête. Nous nous appliquons à faire les mêmes gestes que l'assemblée, debout, assis, à genoux. André nous a simplement recommandé de ne pas nous avancer pour recevoir le pain consacré. Mes enfants et moi, nous regardons, nous chantons. À la consécration, tous les trois nous sommes debout comme l'assemblée. Je regarde le célébrant qui lève l'hostie. Alors il me semble qu'une réponse s'impose à moi : cet homme Jésus est vraiment Dieu. Dans l'espace de quelques secondes, cette certitude m'habite et me procure une paix et une joie profonde.

« ... Il prit le pain, prononça la bénédiction, le rompit et le leur donna. Leurs yeux furent ouverts et ils le reconnurent... »

J'ai alors la certitude que mon Dieu Témoin n'est pas le fruit de mon imagination, mais que c'est Lui, le Dieu de Jésus-Christ. Ce n'est pas une certitude fermée absolue, bizarrement c'est une certitude qui se présente comme une blessure. Sur le coup, j'ai retenu à temps le sanglot qui m'envahit. Je n'ose parler de cette expérience spirituelle à personne, de peur d'être prise pour une illuminée. Je garde tout cela au fond de mon cœur. L'éducation bouddhique me met en garde contre les émotions trop fortes qui aboutissent souvent à des illusions. Pourtant ce qui se passe ce jour-là à Notre-Dame-du-Laus, me rappelle étrangement le jour où dans le camp de Pol Pot, j'avais lancé un merci moqueur au Dieu créateur de toute chose.

Je suis restée un mois avec cette « certitude-blessure » qui ne m'empêche pas de dormir, mais qui me pose quand même question. Tout se passe comme si je ne pouvais plus tergiverser longtemps ; « on » attend de moi une réponse.

Je finis par partager cette expérience avec le père André et lui fais part en même temps de ma réponse : la demande du baptême.

« C'est bien vrai ! le Seigneur est ressuscité, et il est apparu à Simon. »

Voilà, comment cette phrase des onze apôtres, dans le récit des disciples d'Emmaüs, est devenue mienne et m'a mise en route...

Comme les disciples d'Emmaüs, mon cœur est « lent à croire tout ce qu'ont déclaré les prophètes ». Les textes de l'Évangile suscitent en moi une interrogation sur la condition de l'homme. Souvent, je constate que ces textes m'ouvrent à quelque chose qui me dépasse...

Comme Cléopas et son ami, mes yeux « furent ouverts et ils le reconnurent » à la fraction du pain...

XX

Une parole dans un désert d'amour

Je fais donc ma demande officielle d'entrée en catéchuménat à l'Église catholique du diocèse de Nîmes. Au risque de la déception, je me suis donc mise en route avec l'Église de France pour chercher à mieux connaître le visage de Jésus-Christ pleinement Dieu, pleinement Homme. Je me heurte alors à beaucoup d'incompréhensions de la part de ma famille bouddhiste, mais aussi de la part des chrétiens.

Mes proches, mes compatriotes, bouddhistes de tradition ou de conviction, ne comprennent pas ma démarche. Pour les bouddhistes de tradition, cette démarche est une trahison envers l'identité khmère ; pour eux, il est inconcevable d'être cambodgien sans être bouddhiste. Mais je suis à moitié excusée à leurs yeux, du fait que j'ai commencé à faire les formalités pour demander la nationalité française ; ils pensent qu'il est compréhensible de changer de religion en changeant de nationalité ! Pour les bouddhistes de conviction, ma démarche dénote tout simplement une faiblesse et une erreur de ma part. Pour eux, je ne suis pas assez mûre pour suivre jusqu'au bout la voie du milieu, la voie de la sagesse tracée par Bouddha. Ils ont peut-être raison. Car tout se passe dans ma vie comme si, tout d'un coup, j'avais trouvé le raccourci pour me « réaliser », pour me libérer. Je n'ai plus besoin de cheminer des *kalpa* et des *kalpa*, c'est-à-dire des milliers et des milliers de vies, pour arriver à atteindre la libération spirituelle. Ce raccourci est Jésus-Christ qui, par sa mort et sa résurrection, m'a ouvert un avenir possible dans ma vie, ici même. Cet avenir n'est pas l'Éveil bouddhique. L'Éveil dans ma tradition asiatique me ferait rentrer, fusionner avec la vérité ultime nommée la Nature du Bouddha. Un dicton asiatique dit *« la goutte d'eau sait qu'elle est dans l'océan ; mais sait-elle aussi que l'océan est en elle ? »* La libération spirituelle que je ressens ce n'est pas le retour d'une goutte d'eau à l'océan. Je me sens comme une goutte d'eau particulière qui ne ressemble à aucune autre goutte d'eau, une goutte d'eau qui ose prétendre qu'elle est unique et différente de la nature même de l'océan !...

Je me sens maladroite pour expliquer ce chemin-là. Je n'y arrive pas toujours. Seules les personnes qui ont fait une certaine expérience de ce parcours saisissent mes explications balbutiantes. Il est tout à fait compréhensible que mes frères bouddhistes ne puissent saisir la réalité de cette découverte de Jésus, le Christ. Pour eux, elle n'est qu'une illusion de plus...

Par contre, l'incompréhension de certains chrétiens me peine beaucoup. Ils pensent que ma demande de baptême est un acte de remerciement envers les personnes qui m'ont aidée et accompagnée dans mon insertion en France. Quelle belle pensée de leur part ! S'ils savaient combien je suis loin d'être une personne aussi reconnaissante envers mes bienfaiteurs ! L'engagement à être disciple de Jésus-Christ est un acte essentiel de ma vie, un acte trop sérieux pour le limiter à la dimension d'un remerciement. Ma demande de baptême est une réponse à un appel qui me dépasse infiniment, et je ne peux qu'être déçue si on la ramène à une dimension utilitaire !

Ma conversion ne relève pas uniquement de ma propre volonté. C'est une réponse volontaire certes, mais une réponse à un appel venu « d'ailleurs ». C'est une rencontre entre ma personne infiniment petite et Une Parole qui me dépasse. Cette rencontre est inexplicable, comme toute rencontre amoureuse. Elle m'entraîne ainsi sur les chemins de l'Amour miséricordieux d'un Dieu engagé pour toujours dans la condition humaine. Je suis ainsi pleinement dans Sa « folie ». Pour la tradition bouddhique, le mot Amour ne rime en aucun cas avec Sagesse ; l'amour provoque des illusions, des souffrances, la déviance de la voie du milieu.

Au risque d'être déçue, j'ai accepté de marcher sur le chemin de la folie de Jésus-Christ, sans avoir pris aucune assurance. Je m'engage sans avoir la certitude absolue de gagner quoi que ce soit. C'est une aventure qui me fait tout simplement plaisir...

Qui dit aventure, dit écueils, naufrages. Je ne tarderai pas à les connaître, à les vivre.

Je découvre avec surprise le fatalisme, une forme déguisée de déterminisme qui habite certains chrétiens. Pour eux, la volonté de Dieu Créateur est si omniprésente que tout ce qui se passe dans notre vie vient de Lui. On m'explique par exemple que c'est la volonté de Dieu de m'avoir faite passer par le « désert » du camp de Pol Pot afin de me purifier et de m'amener ensuite à la lumière de la foi. Un dieu qui a un projet si machiavélique mérite-il encore ma curiosité ? Dans le désert de Pol Pot, beaucoup de personnes aimées ont laissé leur vie. Pour moi, un dieu capable d'enlever la vie à un être humain pour sauver quelques-uns est un dieu méprisable...

Cette façon de voir les choses me gêne beaucoup. Elle n'est pas très différente de la façon bouddhique du karma. On a simplement remplacé le mot « karma » par le mot « dieu ».

Ma demande de baptême est-elle seulement un besoin de changer le nom d'un concept ? Je ne le pense pas. Il est vrai que j'ai fait la connaissance d'un Dieu de Miséricorde dans un désert d'amour, dans un désert où je me retrouvais nue face à moi-même. Mais de là à admettre que le monde de haine et de violence de Pol Pot a été voulu par Dieu pour mon bien, il y a un fossé à franchir.

J'ai scandalisé plus d'une personne en affirmant que si le camp de Pol Pot était le prix à payer pour connaître Dieu, j'aurais préféré rester dans la logique bouddhique que de rentrer dans celle d'un dieu si abominable.

Je n'ai aucune explication plausible à donner concernant le mal, la souffrance. Je n'éprouve d'ailleurs aucun besoin d'explication, moi qui les ai vécus dans ma chair. Ceci est, peut-être, l'héritage de mon éducation bouddhique : on ne cherche pas systématiquement à connaître le pourquoi des choses, en Asie. L'importance est la lumière qui s'est allumée dans cette nuit noire. Je ne peux davantage accepter le fatalisme simpliste qui met Dieu en première ligne, qu'accepter le déterminisme du karma.

Ce fatalisme est peut être à la source de la foi infantile de certains chrétiens. Ai-je vraiment le droit de parler ainsi, moi, la dernière venue ? Jésus a bien dit qu'on ne peut entrer dans le Royaume si on n'est pas comme un enfant. Mais de là à refuser de grandir, de prendre ses responsabilités d'homme, est-ce là vraiment la volonté de Dieu ?

Pour moi, le fait de vouloir à tout prix avoir ou donner explication à tout événement est signe d'un manque de maturité. Il faut un sacré chemin à un être humain pour arriver à cerner ses limites, son ignorance. Reporter son ignorance, ses limites sur Dieu en lui attribuant systématiquement des événements inexplicables ou des hasards de la vie, relève aussi d'une foi infantile à mes yeux. Je suis venue au christianisme marquée par une éducation bouddhique. Je garde de la tradition bouddhique une attention, excessive peut-être, à ne pas toujours chercher à nommer ou à faire un discours sur une réalité qui me dépasse. Les maîtres bouddhistes ont raison : les choses les plus fortes dans l'existence se vivent et se prêtent difficilement à un discours logique.

Je suis très désemparée aussi quand le discours chrétien se limite au moralisme. Je suis consciente que toute vie spirituelle débouche toujours sur une certaine éthique de la vie. Elle est la source de toute morale mais le moralisme ne mène pas nécessairement à la vie spirituelle. Si j'admettais que mon aventure dans la folie de Jésus-Christ a été conditionnée seulement par un conformisme moral, je basculerais dans la cohérence bouddhique où chacun cherche à faire une bonne action, pour changer le cours de son karma. Je ne suis pas venue dans le christianisme pour chercher une morale ou une éthique, mais pour y trouver le visage de Jésus-Christ dont l'appel et la fraîcheur ont touché mon être.

Un activisme dévorant de la part des chrétiens me gêne aussi. Il est vrai que la passivité de mes frères bouddhistes me désole profondément. Dans les pays où la croyance dans le karma est omniprésente, on ne peut que constater la lourdeur des mentalités devant l'injustice, la misère, les inégalités. Mais que dire de l'activisme à outrance ? N'est-il pas tout aussi nuisible ? Le « il faut faire » à tout prix peut amener toute une cascade d'erreurs telles que le mépris de l'autre, le non-sens de ses actes et de soi-même. À force de vouloir toujours agir, on arrive à oublier d'être.

Ces écueils vécus dans mes premiers pas de néophyte, amènent le naufrage de mon bateau. Je vis une année de doute et de tristesse. Je me dis que je me suis trompée de porte en demandant mon baptême ; ce n'est pas dans l'Église catholique que je peux apprendre à connaître Jésus-Christ : il y a trop de fatalisme, trop de moralisme, trop d'activisme. Tous ces « ismes » ont coupé les ailes de l'oiseau que je suis.

Faute de pouvoir voler vers ces aventures dont il rêvait, l'oiseau gît là sur une plage de sable regardant vers le large avec nostalgie. Je rêvais d'une Église ouverte, souvent, je rencontre des chrétiens fermés, trop raisonnables dans leur engagement, dans leur vie. Je rêvais d'une Église liberté, je trouve des chrétiens qui essaient de mettre des garde-fous à chaque entrée de chemin. Je rêvais d'une folie d'amour, je rencontre des chrétiens trop sages qui par leur fatalisme adoptent sans le savoir la loi du karma. Je rêvais de la grandeur d'une personne humaine unique, je trouve des chrétiens très individualistes, pour qui la notion de personne ne veut pas dire grand chose quand il s'agit des autres. Je rêvais d'une Église courage à l'image du Nazaréen, je trouve des chrétiens frileux, rejetant le monde comme œuvre de Satan.

Je suis restée ainsi toute une année, blessée par de multiples déceptions, avant de pouvoir me remettre en route. Cette remise en route, je la dois à quelques chrétiens déçus comme moi. Ce sont des laïcs et des prêtres qui sont assez simples pour oser partager avec moi leur « foi blessure ». Notre point commun est de donner priorité à une personne avant le système. Ces chrétiens-là ont vécu leur foi non comme une religion, mais comme quelque chose de plus. Je redécouvre avec eux la joie d'être libre, libre de rester médiocre, mais libre aussi de devenir meilleure, sans d'autres motifs que le plaisir de me retrouver, et de retrouver les traces de Celui qui était assez fou pour se laisser clouer sur la croix.

Je retrouve enfin la raison de ma demande de baptême. Je ne suis pas venue dans l'Église catholique pour chercher une religion, ni une morale et encore moins des maîtres à penser. La seule et unique chose que je cherche parmi les chrétiens c'est la folie de Jésus-Christ dans la croix, c'est la folie de Dieu dans la Résurrection de son Fils. Je suis devenue « folle ». Eh oui !...

Dix-sept ans dans cette « folie » m'ont aidée à vivre « à fond ». Je ne dis pas que j'ai tout compris de la mentalité des chrétiens français. Il faut plusieurs vies peut-être pour arriver à tout intégrer !... Avec le temps, j'apprends à partager avec eux l'essentiel de ma foi en Jésus-Christ et eux aussi.

Je suis reconnaissante envers tous les témoins qui m'ont aidée à garder le goût de l'aventure qui m'attire dans cette foi. Ils contribuent à donner une joie plus incarnée à ma recherche. Dans ma ville, je fais partie d'un groupe de partage de vie du milieu indépendant : l'Action Catholique des milieux Indépendants (ACI). C'est un mouvement de laïcs au sein de l'Église catholique. Nous nous réunissons chaque mois par petites équipes de cinq à dix personnes. Nous y partageons non pas nos idées mais notre vie quotidienne, telle que nous la ressentons, et nous lisons une page de l'Évangile : avec mon groupe, j'essaie de retrouver les sources vives de l'expérience évangélique. Venant du bouddhisme, c'est cette expérience vitale, au-delà du savoir et du devoir, qui m'intéresse.

L'enseignement du Bouddha Sâkyamuni fait partie sans aucun doute des grandes richesses spirituelles de l'humanité. Mais ma propre vie a pris un autre chemin, le chemin de Jésus de Nazareth. Le chemin du Ressuscité ne peut être ajusté avec celui de l'Éveillé.

Dix-sept ans dans la foi chrétienne ont-ils tiré un grand trait noir sur la bouddhiste que j'étais ?

Non sans condescendance, certaines de mes connaissances ont souvent l'air de m'adresser leurs condoléances parce que je n'ai pas gardé ma culture et ma religion d'origine. Ces personnes sont, en fait, très naïves ; peut-on se débarrasser de toute une éducation, de toute une culture, comme d'un vieux vêtement ?

Honnêtement, je ne crois pas que ma conversion au christianisme ait donné naissance à une femme complètement nouvelle. Ma foi dans le Ressuscité me fait prendre conscience, au contraire, de la cohérence de mon histoire personnelle. C'est ma vie toute entière qui est prise dans la dynamique de ma conversion, sans largage, sans trahison. Je perçois l'irruption de Jésus-Christ dans ma vie comme un accomplissement de ma recherche, comme un aboutissement harmonieux de mon être.

« *Je ne suis pas venu abroger, mais accomplir...* » (Mt 5, 17).

C'est, peut-être, une « illusion » très prétentieuse de ma part. Mais c'est ainsi que je saisis la « Résurrection » : c'est une Harmonie de vie jusque dans les cassures, une Plénitude jusque dans les manques, une Sérénité jusque dans la révolte...

Je suis une catholique venue du bouddhisme et sans complexe. Mais je suis loin de pouvoir vivre ma foi chrétienne comme les « catholiques de souche ». Souvent, je me trouve pauvre en mots pour parler de Dieu. L'éducation bouddhique me met à l'abri des pensées anthropomorphiques concernant l'Infiniment Grand, le Tout autre. Le « bavardage » de mes frères chrétiens concernant Dieu, me met toujours mal à l'aise, car pour moi, trop de mots figent le Dieu Trinité...

Dans ma relation avec le Dieu de Jésus-Christ, j'éprouve un besoin presque physique de silence. Mais je ne ressens pas la nécessité de passer par les techniques bouddhistes, tels que le zen ou le yoga, pour réaliser ce silence. Toutes ces techniques corporelles sont trop « impliquées » dans la cohérence bouddhique pour que je puisse les « employer » dans ma recherche spirituelle chrétienne.

La méditation chrétienne, en effet, est habitée par une relation forte avec un Dieu personnel, alors que les bouddhistes cherchent avant tout la vacuité, c'est-à-dire la prise de conscience que chaque être fait partie d'un Tout Impersonnel qu'ils appellent la nature du Bouddha.

Pour moi, l'altérité de mon Dieu me rappelle sans arrêt à une très grande humilité. Je ne peux pas prétendre faire partie d'une essence de Bouddha, essence ineffable. Je ne suis qu'un être créé, fini. Mais unique.

Ce concept de la personne unique est inconnu dans le bouddhisme. L'homme n'est qu'un être parmi tant d'autres. Un bouddhiste asiatique ne voit pas beaucoup de différence entre la vie d'une fourmi et celle d'une personne. Je dis bien un bouddhiste asiatique, car un Français qui se dit bouddhiste me semble avoir un autre regard sur l'homme.

J'ai beaucoup de respect envers Bouddha. Mais la croyance dans le karma, cette loi de causalité, et le Samsara, cycle de naissance et de mort, « nuancent » beaucoup la compassion enseignée et recommandée par Sâkyamuni. Un laïc bouddhiste est toujours tenté de justifier la souffrance, car pour lui quelqu'un qui souffre est-il vraiment innocent ? La compassion se limite alors à soulager ponctuellement une souffrance, une carence, sans amener une réflexion sociale en profondeur sur la misère ou sur la justice.

La loi de rétribution du karma fait que souvent la compassion se présente comme une fuite ou une acceptation d'un fait inéluctable. Comment comprendre autrement quand, au fond, le bouddhiste pense que ce qui arrive à un être vivant est toujours le résultat de son karma. « Ceci est » fait que « cela est » aussi. Actuellement, l'Asie est amené à relever le défi de la mondialisation. Ce continent doit se positionner clairement devant le capitalisme sauvage qui exploite les plus pauvres, les plus démunis. Le karma et le Samsara deviennent de vrais obstacles pour que les Droits de l'Homme pénètrent vraiment la mentalité asiatique.

Beaucoup de bouddhistes pensent que le changement de religion peut amener des troubles dans la conscience. Car la personne perd les points de repère acquis au cours de son enfance, de son éducation, et il est toujours très difficile d'entrer dans une autre tradition.

Ces difficultés sont réelles, mais elles peuvent être dépassées par une recherche personnelle, approfondie dans sa tradition d'origine, avant d'aller vers la nouvelle. Un bouddhiste comme un chrétien, doit toujours « creuser » sa propre tradition, aller à la source de l'enseignement, avant de choisir de partir vers une autre tradition.

Quand cette condition est remplie, la route de l'aventure est immense et merveilleuse !... Et cette route est pour moi dominée par la croix.

La croix est un point d'interrogation pour beaucoup de bouddhistes. Souvent, ils classent Jésus-Christ parmi les Boddhisatva, ces êtres de compassion qui acceptent de donner leur vie pour les autres. Mais les bouddhistes n'arrivent pas à admettre que Jésus-Christ puisse douter et souffrir. S'il souffre, c'est que quelque part son karma n'est pas aussi « purifié » qu'on le pense. La croix me rappelle ma condition humaine : toute mort est vie, toute vie est mort. C'est comme le bon grain et l'ivraie.

« *Laissez l'un et l'autre croître ensemble jusqu'à la moisson...* » (Mt 13, 30).

Je suis appelée à aller vers la lumière de la Résurrection. Mais le mot de Résurrection reste vain si je n'ai pas fait une expérience spirituelle de ressuscitée dans cette vie. Comment pourrais-je espérer quelque chose dont je n'aurais aucune idée ?

Je ne peux pas entrer dans une aussi grande aventure que celle qui est ouverte par l'Evénement Jésus-Christ, si je n'ai pas fait l'expérience de Sa Présence dans ma propre vie. Il est plus important pour moi, de reconnaître les traces de pas de Dieu dans la banalité de ma vie, que de chercher à savoir avec quel corps je ressusciterai...

Imprégnée de philosophie bouddhique, je suis moins attachée à ce corps qu'un Occidental. En fait le corps n'est qu'un « assemblage des agrégats ». Mais ce corps est un support indispensable pour le « moi », *« comme la mèche de la bougie l'est pour sa flamme »*. Les bouddhistes ont toujours appris à composer avec leur corps sans pour autant l'aduler. Je ne peux ignorer qu'en s'adaptant à des facteurs extérieurs, mon corps m'a aidée à survivre pendant quatre ans dans les conditions très dures du camp des khmers rouges.

Quand je pense à la résurrection des morts, je pense toujours à l'explication de mon père, ce laïc bouddhiste, lors du décès de ma grand-mère. Au Cambodge, dans les familles aisées, on a l'habitude de garder le corps le plus longtemps possible à la maison. J'allais rendre visite régulièrement à ma grand-mère morte. Selon la tradition du bouddhisme Thérévada, j'allumais à chaque visite trois bâtonnets d'encens. Mon père m'avait dit de regarder ces bâtonnets d'encens et de les comparer à la vie de ma grand-mère. Cette dernière s'était consumée petit à petit comme ces bâtonnets jusqu'à ce qu'il ne reste qu'un morceau de bois insignifiant. Dans ma grande douleur de perdre celle que j'aimais beaucoup, je disais à mon père que ces bâtonnets sentaient bon, comme ma grand-mère sentait bon quand elle me serrait dans ses bras. Papa m'avait répondu que tout cela n'était qu'illusion...

Aujourd'hui, je suis certaine que « l'odeur » de ma grand-mère n'était pas une illusion. Tout l'amour qu'elle m'avait donné est pris à jamais dans la dynamique de la Résurrection. Elle n'était certes qu'un bâtonnet d'encens insignifiant. Mais en « brûlant », elle avait produit une certaine atmosphère qui avait procuré beaucoup de joies à la fillette que j'étais.

Les bouddhistes nous mettent en garde contre les illusions. Mais cela n'empêche pas que certaines « illusions » aient parfum d'éternité...

Ce parfum se dégage chaque fois que je me risque dans la folie d'Amour de Jésus-Christ...

« Oui, j'en ai l'assurance : ni la mort ni la vie, ni les anges ni les dominations, ni le présent ni l'avenir, ni les puissances, ni les forces des hauteurs ni celles des profondeurs, ni aucune autre créature, rien ne pourra nous séparer de l'amour de Dieu manifesté en Jésus-Christ, notre Seigneur... »

Lettre de Saint Paul aux Romains 8,38